U0942272

獻予古麗碧

靠著神的恩典

她令我成為更好的作者、

更好的思考者、

更好的人。

信念再思叢書

現代人於網際空間的信仰省思

古德格著
羅燕明譯

基道出版社

▼

信念再思叢書

心靈在線

現代人於網際空間的信仰省思

The Soul in Cyberspace

作者

古德格 Douglas Groothuis

譯者

羅燕明

執行編輯

許寶瑩

裝幀設計

胡立強

■

出版／發行

基道出版社

香港沙田火炭坳背灣街26號富騰工業中心1011室

LOGOS PUBLISHERS

Unit 1011, Fo Tan Ind. Centre, 26 Au Pui Wan St., Shatin, Hong Kong

電話：(852) 2687-0331　傳真：(852) 2687-0281

網址：http://www.logos.com.hk

承印

陽光印刷製本廠

●

版權所有 • 請勿翻印

© 基道出版社有限公司

1/2005初版

Cat. No. LP 904

ISBN 962-457-274-7

Original Edition "The Soul in Cyberspace"

Published by Baker Books

Copyright © 1997 Douglas Groothuis. Translated and printed by permission of Baker Books, a division of Baker Book House Company, Grand Rapids, MI 49516, USA.

Chinese Edition © 2005 by Logos Publishers Ltd.

ALL RIGHTS RESERVED

Printed in Hong Kong

致謝

衷心感謝三一論壇(Trinity Forum)，特別是鮑徹(Amy Boucher)的鼓勵，並謝謝她在本書出版的每個階段均全力以赴地幫助我。我的內子古麗碧(Rebecca Merrill Groothuis)，雖然正值努力完成自己的著作《婦女佳音》(*Good News for Women*)的非常時期，卻仍在本書製作的最後一刻，以及之前的時間內，在編務上提供關鍵性的協助。她的聰慧遍及本書每一頁。謝謝你！我亦感謝很多親友，你們的禱告是不可缺少的。

目錄

導言

網際空間與心靈困擾

私人電腦熒幕通常都不會吸引一大羣人來觀看，而且一直以來，婚禮儀式也無須電腦之助方能舉行，不過有一對情侶卻挑戰這等常規。貝嘉倫 (Karen Bray) 與白基斯 (Keith Prior) 最近舉行婚禮，當時兩人是身處不同城市的。這怎麼可能呢？他們在線上、「在」網際空間結為夫婦。報章刊登了一張照片，上面有一小羣人興致勃勃地圍著一個影象顯示器 (video monitor)，這顯示器播放著坐在新娘旁邊的一位神職人員，正鍵入婚約誓盟，並準備用電郵將它寄出。[1] 如果這個新穎做法風行起來，不久就可能會出現婚禮電腦程式，這程式除了提供所需的音響效果、音樂、背景、各式誓盟 (傳統的、新紀元的、回教的、無宗教的等等)，還替你所揀選的專人設計婚禮提供虛擬神職人員。這統統都在閣下府上舉行，又或我們應該說，在網際空間裏 (不管那在何方) 舉行。

科技的發展預測

在現今科技快速發展的文化漩渦之中，半真半假的報道和出位的謊言圍著我們打轉，它一邊將我們的想像力推升到令人陶醉的新高潮，一邊又連連打擊我們的判斷力。每天我們都聽到網際空間將可以做得到的種種事情、互聯網的種種可能、電腦科技各式各樣的突破。這個新媒體將會同時創立羣體、破除偏見、革新工商企業，令世界空前地更加像個地球村，而且還可能會觸發一場宗教復興。電腦專家倪國邦(Nicholas Negroponte)指出，我們整個生活方式都會改變；我們必須學習使自己適應「數碼化」(being digital)的生活。在這個「極不熟悉的新文化」裏面，我們「將會在數碼區域中進行社交活動；在其中，物質空間是無關重要的，而時間則另有作用。」[2] 雖說這像是吹噓之言，但是談起電腦的時候，這類的説話就聽不少了。

擴展資訊科技，譬如無線電廣播和電視，一開始就常常被宣布為無限祝福的預兆——這些預測雖然是蠻真誠的，但是現在看起來就流於天真了。1939年，美國無線電公司(RCA)總裁薩爾諾夫(David Sarnoff)得意忘形地聲言：「由一流大師泡製的高質素電視劇，將極有可能大大提高本國欣賞戲劇的品味。」[3] 到1997年，美國欣賞戲劇的品味水平，一般似乎冰封於《亞森一族》(*The Simpsons*)的卡通化愚蠢言行、《癟四與大頭三布》(*Beavis and Butthead*)的虛無墮落行為、大量不是卡通卻類似卡通的處境喜劇、「根據事實」而模擬暴力與猥褻行為的不實之作、以影象為主導但全無分析説明或歷史背景的新聞節目等等。傳媒大亨答應用五百個有線電視頻道來款待我們，所播送的與上述節目的水平其實都是差不多(或更差)。

有些人甚至對熒光屏(cathode ray tube)抱更大的期盼。1994年六月份的《美國科學》雜誌(*Scientific American*)之〈五十年前今日〉("Fifty Years Ago Today")專欄，特別引述了美國電視協會(American Television Association)總裁瓦爾特(Norman D. Walter)於1944年說過的這番救世主式言論：

> 電視為世界和平提供一個前所未見的、最有力的基礎。和平必須創設在彼此諒解的支柱上。國際電視廣播將會讓世界不同民族，在互相尊重的聯繫中團結起來；其發展實在無可限量。[4]

另外一名科技愛好者認為某項新發明甚至有救世潛能，吹捧有加，說這項發明能夠安全地儲存及發布資訊，亦可以引進一個「全人類共享的全球記憶體」，因為「全人類的記憶將可以……讓每一個人都可獲取。」它不會受破壞，因為資訊不是「集中於任何單一的地方」，因為它「可以在祕魯、中國、冰島、非洲中部，或其他任何地方，完完全全、一模一樣地複製。……它可以既擁有一個有頭腦的動物的集中力，同時又擁有一隻阿米巴蟲所散布的活力。此外，如今再也沒有甚麼實質上的障礙，妨礙我們編製一套適用於一切人類知識、概念和成就的高效率索引。」[5] 他說的是電腦嗎？不是。威爾斯(H. G. Wells)在1937年曾寫下那些句子，而數十年之後現代電腦才登場，再過數十年才有人聽聞有互聯網或「資訊高速公路」(Information Superhighway)。他熱烈吹捧的是縮微膠卷(microfilm)，雖然那是一項有用的發明，但是遠不及他想像之中的知識靈丹妙藥。

一方面，愛好科技的人實使我們眼花繚亂，他們氣吁吁地預言科技上的突破——若有足夠時間和人才的話——終會帶來社會新生，如瞎子看見、瘸子行走、窮人興旺、死人復活。至於科技的反效果，譬如切爾諾貝利(Chernobyl)、不必用腦筋的電視節目、電腦病毒等等，他們則認為只要有足夠的機智和毅力，定可克服一切。另一方面，恐懼科技的人卻要嚇我們一跳，他們斷言末日已近：我們正與科技的毀滅力量決一死戰；但諷刺地，這力量正威脅著那些製造它的人，使他們喪失個性並淪為奴隸。

困惑的心靈

遇到社會改革及劇變的未知因素和嚴峻考驗，人的心靈就渴望將盼望植根於基本的事實之上，不作他想。於八十年代，當旺盛的經濟下滑之後，很多美國人已不能再否定社會上的種種病徵：不斷飆升的罪案、離婚、不法行為、自殺、濫用藥物、自選墮胎、貪污、貧窮、種族不和，以及猖狂的不文明舉止。[6] 文化觀察者貝內特（William Bennett）警告說：**「除非這些大量滋生的社會病徵得以逆轉，否則定會導致美國共和政體衰落，甚至可能瓦解。」**[7] 當鮮血染滿街頭的時候、當訴訟塞滿法庭的時候、當流行文化在反智及乖張言行之中腐爛的時候，很多人迫切地要用一套讓人能堅持到底及提升尊嚴的意義。人渴望有個「新的靈性」來拯救他們。最近一期《今日心理學》（*Psychology Today*）有一篇文章的標題〈拼命追求靈性〉（"Desperately Seeking Spirituality"）[8]，正好捕捉了不少人的心境。

市面上有一大堆暢銷的、專為治療心靈創傷而開的處方，回應這些絕望的呼求；它們全都牢牢地紮根於一個與基督教相反的世界觀。它們包括了信奉榮格（Jungian）精神分析法的治療師穆爾（Thomas Moore）所著的《心靈關顧》（*Care of the Soul*）及《心靈伴侶》（*Soul Mates*）；占星學家雷德菲（James Redfield）所著的新紀元奇遇記《聖境預言書》（*The Celestine*

Prophecy）；以及內分泌學家喬柏（Deepak Chopra）的《成功的七個屬靈定律》（*The Seven Spiritual Laws of Success*）。喬柏一向鼓吹「泛神式一元論」（pantheistic monism）——即相信所有實體都歸於「一體」（One），而凡物都擁有神性的種種好處。心靈自密室走了出來，「靈性」（極其廣義的）風靡一時。[9] 儘管如此，人仍然是張惶失措、心灰意冷。我們國家的民族性受到質疑，誠信終會被納入危險物品的名單上。

令這種慌亂倍增的是，當我們不顧一切地栽進網際空間之時，無數聲音在呼喊：下一個階段的電腦革命，將會使整個世界文明起翻天覆地的改變。我們困惑的心靈正走向一個令人興奮的新領域；那領域像我們的鍵盤一樣近便，又像我們電腦裏藏著的硬件一樣詭祕。

網際空間來營救？

自從個人電腦開始研製及大量生產以來，科技變革就以空前的速度愈改愈快，所帶來的變化就是僅僅數十年之前也夢想不到的。電腦的權力已經下放並且個人化。人類再也不用登入大型電腦主機去作「分時」（time sharing）的安排，只須接通自己的電腦就可以做文書處理、玩遊戲、結算財務、收發電子郵件，以及選取許多不同的功能。在這個不穩固但威力強大的環境裏面，大型電腦工業曾經在一夜之間發展及倒閉。微軟（Microsoft）成了個人電腦的標誌，其創辦人兼總裁蓋茨（Bill Gates）也成了新創業主義（entrepreneurism）和科技樂觀主義（technological optimism）的偶像。

一直以來，與電腦的互動關係一般只限於一個人在一段時間內所使用的一部電腦。人與人可以透過電話用聲音彼此聯繫，但是不管電腦的能力有多吸引，也只供一個人獨自做事。直到研製出互動網（interactive web）或電腦網絡，網際空間的概念便產生。只憑著一個數據機，電腦就可以透過電話線結連起來，以數碼形式交換資料數據。這網絡——原本是美國聯邦政府為科學家們交換研究資料而策劃的——一經公開，就哄動一時。《新聞周刊》（*Newsweek*）宣布1995年是「互聯網年」（the Year of Internet）。[10] 這個一度計劃用來抵禦核子攻擊的軍事通訊系統，成為了公眾熱烈關注和討論的焦點。[11]

互聯網被譽為是九十年代——若不是整個二十世紀——最重要的文化新發展。每年有數以百萬計的人上網，共享箇中豐腴。互聯網瀏覽器公用事業公司網景（Netscape）開業一年後就在股票市場上市，當時它還未有實質利潤，估值剛逾二十億美元，但很快便飆升到六十億美元。[12]《有線》雜誌（*Wired*）是本花俏怪誕雜誌，自1993年創刊以來，一直都在記錄著網際空間世界千變萬化的進展。另外一些雜誌，例如《地下互聯網》（*Internet Underground*）和《虛擬城市》（*Virtual City*），繪畫了網際空間文化的新領域，所採用的設計形式近似網頁多於傳統雜誌（而且投稿人必定開列自己的電郵地址）。好像《異度空間》（*Lawnmower Man*）、《網》（*The Net*）和《時空悍將》（*Virtuosity*）等電影，探討的都是新科技可能引起的社會問題。

替互聯網的本質和功能作總結，形同把旋風關進圍欄。它正以輕快的步伐進化演變。網際空間涵蓋極廣，而且極其快速。互聯網提供多種服務，全都集中於快速龐大的資訊交換上，其中有不少是本書不同篇章將會談到的。這個讓人互相聯繫的網絡被譽為一帖良方，讓人類可以迅速進入資料新世界，從而擴張自覺意識。很多人聲稱，我們的意識本身正進入電腦網絡中，而且可能從此再也不一樣了。

新「虛擬社羣」(virtual communities) 正在線上發展，同樣地，種種叫「黑客入侵」(hacking) 的新型罪行也相繼冒現。電腦鬼才為了貪玩和利益——以及製造恐怖——而擅自改動信譽評估，甚或軍事資料。蓋茨與其他電腦商不滿互聯網的限制，還要鼓吹資訊高速公路的好處；那是個擴充了的網絡，能將電腦、電話、電視等等，全結合為一個系統，從而提供一個更容易更個人化的方式，讓人存取浩瀚如煙海的電腦化資料。[13] 有人視之為引進了一個數碼烏托邦 (digitopia)。

網際空間是甚麼？

然而，網際空間究竟是甚麼東西呢？**網際空間**一詞，就好像胡亂灌輸給困惑不解的人那些流行新詞 (pop-neologisms) 一樣，初時帶給人的或許是迷茫多於啟迪，後來愈來愈多見到，甚麼東西都給套上「網際」(cyber) 這個字首。我們聽見過網際性交、網際色情電影、網際浪人 (cyberpunk)、網際咖啡屋等等。起用網際空間一詞的人，是科幻小說作家吉布森 (William Gibson)。他在1984年出版的那本開闢新天地的小說《神經戰士》(*Neuromancer*) 裏面，用網際空間一詞指電腦在其中傳遞信息的「空間」；即是指「數碼位元」(digital bits) 與人類意識之間——又或矽與心靈之間——那個介面。「網際」這個字首源於控制論 (cybernetics) 一詞，即自我調節系統的研究；不過該詞業已擴展至涵蓋一切人與電腦科技以奇異而刺激的方式重疊的範疇內。

比方說，「電子人」(cyborg；即cyber-organism) 是半人半電腦的合成生物，他們常出現於近期動作電影，例如《未來戰士2》(Terminator II) 等動作片裏面的合成生物。那些電影本身就充斥著用尖端電腦繪圖製作的特技。其中一種特技是動畫科技的變形法(morphing)，能叫實體變得易變不明，一樣東西(不管是人、是獸、是怪物，或是甚麼都好)可以「變形」成為另一樣東西，然後又還原；那做法實質上是不可能，但視覺上卻是既令人震驚，又叫人不得不信服。

撇開特技和電影，電腦已潛入我們生活中差不多每一方面，並且不斷擴張，甚至可能已將我們轉化成一個又一個不同款式的電子人。我使用一個文書處理程式將這些字打完又打，它們在顯示器上出現、消失，又以數碼形式給儲存起來。凡是我的電腦容許的改動都可輕易做到，它遠遠超出僅是紙筆所能做得到的(儘管我看書看文章時仍然會在紙上快筆寫下按語，在打印出來的篇章上也能如此)。我可以「上載」本書篇章，只要有電腦終端機和數據機，任何人都可以把它「下載」，那管他們住在本市另一邊還是住在澳洲都沒有分別，只要他們是在「線上」便可。

我對電腦和網際空間的感想(最少局部)是通過電腦和網際空間得來的。我是個相當平庸外行、低科技的電子人——而且，很有可能你也如是，我一直設法保持一種清醒和謙恭的態度，去看待甚麼是人類獨特之處、甚麼事會令人失去人性，以及在科技與政治的迫切需要蓋過這媒體的道德、哲學和神學問題之前，如何為這一切理出一些意義來。

挑戰科技之神

任何就著網際空間裏心靈之命運作出的調查研究，都必須正視社會分析家蒲思曼(Neil Postman)所稱的「科技之神」(the god of Technology)。這是個善妒的神靈，它沒有正式的神龕、祭壇、免税機構、僧侶。即或是如此，它仍是個神靈，意思是：人相信科技是行得通的，甚至是依賴它，它可作出種種承諾。當人不能用它時就會萬分淒涼，人在它面前就感到快樂。大多數人覺得它運作的方法玄妙，他們責備說它壞話的人，也敬畏它，而且當他們進入再生狀態時，就會不惜改變自己的生活方式、時間表、習慣、人際關係來遷就它。[14]

科技之神撒下了一個寬闊但一般都察覺不到的網，覆蓋著很多新科技的門徑，以可預知的(即使是無根據的)方式支配我們的思想。社會評論家溫納(Langdon Winner)為當前的「科技夢遊病」(technological somnambulism)悲哀。他奇怪為甚麼「我們這麼心甘情願地，在重組人類存在狀況的過程中夢遊而過。」[15]他特別提到：「在二十世紀，一般人都是理所當然地以為，改進人類狀況的惟一可靠來源是新發明的機器、技能、藥物。」[16]我們先向那些閃閃發光的新發明說「好呀！」過後才質疑為甚麼「在科技的範疇裏，我們一再訂定一系列的社會契約，然而內裏的條件竟要等到簽名之後方能透露。」[17]原則上，理應堅決抗拒那種誘惑，不管在甚麼時候發生，夢遊始終是個病。

本書的責任並非解釋網際空間紛繁之處，或怎樣揮灑自如地使用最新發明的小玩意。這一類使用說明書已經多不勝數(而且出版不久便會過時)。在技術方面，我也加添不了甚麼。反之，我會走一條較少人走過的路徑，就是討論網際空間之新興科技如何影響我們的心靈和我們的社會。所有科技，尤其是資訊科技，通常都是在無形之中，或者至少在隱隱約約之間，徹底改變了我們的生活形態。1933年在芝加哥舉辦的世界博覽會就將這個現象直截了當不加批判地表述出來。一幅顯眼的廣告牌上寫著：「科學勘探，科技執行，人類遵從。」[18] 是故意也好，不是故意也好，這話似乎是挖苦神學所確認的：「謀事在人，成事在神。」科技取替了神的地位，人服事科技而不服事神。

蒲思曼引申傳媒哲學家麥路恆 (Marshall McLuhan) 的一些主要言論，指出科技轉變並沒有加添甚麼，也沒有減去甚麼，只是生態上有所改變。[19] 從一個典型少年人的房間挪走一台電視機，就不僅是少了一件家具，而是整個環境或生態的改變。房間不再是從前的那個娛樂中心；塵封架上的書如今會被取下來；一度被電視影象封閉的對話如今會活躍起來；無聊感會襲人而來。再放眼世界，看看十五世紀印刷機的發明使歐洲起了根本的變化，這鼓勵了更多人讀書識字，幫助宗教改革者藉著大量派發書刊而推廣宗教運動。

若要有創意地質疑新科技產品或系統，就必須在它們被納入日常生活之初，甚至要早在它們與其他科技和文化習俗糾纏得難分難解之前，便持續地加以詳細審查。讓我們為這類文化評論來個熱身，扼要地看看兩項無處不見、盤據文化的科技，就是電視和收音機。

科技效應：電視與收音機

科技每每傾向於形成連鎖系統，以致分析一種科技時，就會同時波及另外數種科技。[20] 比方說，當電視成為宣傳產品的主要渠道時，工業生產的程序就需要更改，才能趕得上新潮流，以保持貨源充足及新意。再者，人的鑒別力和思想傾向都已經徹底改變：影象已經蓋過言語，並成為主要的傳播模式；由於電視影象以飛快的速度一閃而過，人的注意力也縮短了；書籍培養出來那種較為有秩序的人生觀，已被一種多向發展的生活方式取替了。[21]

電視的快速步伐、以影象為主、事事緊逼的特質，差不多令人不可能作出理智的反省。即使有多良好的討論，也不利電視播放，因為電視畫面上只出現一個「會說話的頭腦」會被視為太過單調。認知理解所需要的寧靜，在電視是極不受歡迎的，是會趕走觀眾，因為電視容不下靜默。時間是金錢，而電視必須用影象和聲音充塞每一秒。熒光幕上見到的人物，都是經過巧妙地運用攝象機，再加以剪接，從而建構或解構的。影象就是一切，因為人的存在本質是甚麼已變成無人懂得，而且無法懂得。

電視更傾向於消耗觀眾的進取心和精力。它擁有無休止地予人娛樂的能耐，能讓人覺得與世無爭。那些慣於抱消遣心態的人，變得沒有耐性思考，注意力也縮減了；他們更開始認定，現實應該充滿逗趣。如果一個人花上大量的時間，盯著富娛樂性的影象，他對現實世界的理解力就會變得遲鈍，四海之內皆兄弟的感覺也會受到侵蝕，但是人理應是互相尊重的。1994年暮春，在費城南部發生的傑貝聶波(Mohammad Jaberipour)被殺案，就是個可悲的說明。

傑貝聶波四十一歲，是三個孩子的父親，當時他正在軟糯糯先生(Mister Softee)雪糕車內工作，他因不肯給一名十六歲少年錢而遭槍殺。他躺在那兒奄奄一息之際，該區少年竟圍攏著他大笑，還為此作了首打油詩〈他們殺死軟糯糯先生〉("They killed Mr. Softee")來嘲弄他。傑貝聶波的一個朋友在事發後去到現場，他說：「真沒人性。我到達那兒的時候，人們還在笑，問我要雪糕。我在哭，我最好的朋友給殺死了。他們所作所為好像死了的是頭貓兒，不是人。」[22] 對這些沒有靈魂的少年來說，一個使人痛苦、無意義的死亡只不過是一場表演，是渡過一段歡樂時光的機會，就像電視所播放的一樣。

讓我們轉到網際空間去；那裏充滿擬象、刺激、誘惑，這會否進一步加重一種現象，就是將現實與媒體上聳人聽聞的場面混為一談呢？巴麗華(Reva Basch)是位網際圖書管理員(cybarian，即librarian of cyberspace)，她以較溫和的語調承認自己所沉浸在線上的世界，確會令她「對生活起一種加速的作用。在派對中，她會掃視人羣，然後說：『沒興趣，沒興趣。』那實在**可怕**。」她嗟歎自己「有幾分是往他們的腮後面看，尋找下一個可能令自己**增值**的人。」[23]科技影響了我們怎樣看世上的其他人。

收音機科技已經全然融入現代文化數十年，在發達國家中差不多無處不在。因此我們對收音機的意識好比魚兒之對水一般。然而於1948年，德國詩人兼作家皮卡特(Max Picard)在他那叫人難以忘懷的著作《寧靜的世界》(*The World of Silence*)裏面，思索收音機的本質。皮卡特慨歎現代世界已失去寧靜；這個他所珍惜的寧靜是神的創造中一個美好的元素，它不僅只是了無聲音。他斷言：「寧靜屬於人類的基本結構，[24]任何抹殺寧靜領土的社會狀況都會傷害到人的心靈。」

透過這個準則，皮卡特看到「收音機已佔據了整個寧靜空間。……收音機的聲浪是如此的無形無邊，有若無始無終；它是無界限的。」[25]收音機照著自己的形象重新打造人類，人類「變成只不過是收音機聲音的一個附屬物，收音機製造聲音，而人則抄襲那聲音所提出的意見。」[26]換句話說，結果我們只是把那些無的放矢的話傳達開去，卻沒有引起人與人之間的對話。

收音機製造了密集的、非個人的文化，而人又被這個文化所同化，如此一來，收音機也可以拆毀本土文化及羣體生活。半導體收音機傳入印度西北部的傳統萊卡黑(Lakakhi)社會之後，當地的人就捨棄了自己部族的民歌，寧願選取那些為促銷而灌錄千篇一律的歌曲。[27]

皮卡特進一步看到，雖然收音機傳播的是人的聲音，但那只是機械式的播送，缺少了他所說的「適當的知識模式」。皮卡特稱，交流涉及讀與聽，是人與人直接相遇，讀的與聽的都要進入作者或講者的思想世界。對比之下，收音機冷冷地播放的事件細節「全都擠進聽的人耳中，好像把大量材料塞進空盒子去一樣。」[28] 皮卡特的結論十分激進，他認為知識的意義被收音機竄改了，[29] 因為不可減省的個人特性已被暗中破壞。

> 生命的自然表現，例如真理、忠誠、愛心、信心，沒有一個可以存在於這個收音機聲浪的世界之中，因為這些表現是直接的、有清楚的界定和清楚的界限的。它是別出心裁的、是第一手的表現，而收音機的世界則是屬於迂迴的、捲纏的、間接的世界。在那樣的世界裏面，自然表現已遭到破壞。[30]

這些都僅是動輒發火、脾氣暴戾的人，深藏怨恨的抗議嗎？收音機一直都有這麼大的殺傷力嗎？畢竟，這數十年來美國之音(Voice of America)不是一直向極權國家廣播重要的事實真相嗎？沒有人因收音機發出的旋風和颶風警告而保住性命嗎？肯定有。皮卡特的感歎或許有點過火，但是他主要憂慮的應該亦是我們所擔心的是：科技如何改變我們的通訊條件與架構？是的，收音機容許資訊傳播得更快，散布得更廣。即使這是它的優點，但是資訊傳送的形式也應該受到評估。

如果我們以為，從收音機收聽一篇講道——即使是一篇非常出色的講章，與參加本地教會聚會而被神的話語激勵，都是一樣的話，我們就弄錯了。而且，如果我們相信，廣泛的無線電福音廣播可以代替人與人之間的對話活動——與哭的人同哭、與樂的人同樂，我們也一樣是弄錯了。這些錯覺觀念表明了以科技來代替人的危險。一種仿真的、沒有人情味的傳播工具，以不是即時就看得出來的方式，代替了人際關係。如此一來，它貶低了神所極度珍重的個人特性。這特性透過收音機被模擬，因為我們聽到一把聲音，但那聲音已經脫離了軀體，被隨意散播；聲音與發聲者分開，不再是特定地向著某一個人而說。

我強調收音機的原因是，就傳播科技而言，它歷史悠久，看似無害、無可非議。假如我們可以為收音機擔憂至此，對於網際空間，我們又應該怎樣看呢？我們評估電腦科技之餘，也應該同樣關注科技如何取代個人這危險。這些科技用甚麼方法模擬和傾覆生活中的人性，以及其他我們認為對心靈有益的重要元素呢？

防止世俗化

對著正在冒起的網際空間世界，瞇起眼好好的看它一番，搔幾下頭，或許可以裝備自己，在還有選擇的時候作出一些明智的抉擇。從基督徒的角度去看，這樣子的反復思考並不僅是學術訓練而已，它構成了聖經所指的門徒訓練的精髓。追隨基督的人，一直都處於活在世上但不屬於世界體制那份創意盎然的張力之中。雖然他們是天國子民，但也是基督在地上的使者。擔起那個身分，他們的生活模式就一定要抵禦邪惡生活方式的侵蝕和威壓，使得榮耀他們至高無上的主。正如保羅所告誡：「不要效法這個世界，只要心意更新而變化，叫你們察驗何為神的善良、純全、可喜悅的旨意。」[31]

如果世俗化思想模式盛行，人就會——無論是故意或無意——採納抗拒神和剝奪人性的文化形態；欣然信奉偶像而不是加以揭露；將相對的看成絕對，絕對的卻視為是相對的。世俗化從來都是基督徒品格的大敵，是教會可恥的污點。正如耶穌所說，世上的鹽若失了味，就變得無用，只會被丟棄，被人踐踏。[32]

雖然歷世歷代以來，人類的種種敗行與德行都持續沒變，[33] 不過敗行則在不同時代以不同方式充塞和污染某些特定文化。世俗化的形式層出不窮，基督教護教學學者兼社會評論員薛華（Francis Schaeffer）的話仍然發人深省：

> 基督徒要抵抗世界的靈。然而說這話的時候，我們必須明白，世界的靈不一定採取同一種形式出現。因此基督徒必須抵抗世界的靈**在他自己那一代中所採用的形式**。若非如此，他就完全不是正在抵抗世界的靈。[34]

我們可能一方面抵抗上一個年代的敗行——故此看起來既聰明又正義，同時又順服在今日還未有命名的敗行之下。我們應該以希伯來人的以薩迦（Issachar）支派為榜樣：他們「都通達時務，知道以色列人所當行的。」[35] 社會評論員以祿（Jacques Ellul）發出了一個我們應該聽取的呼籲：「基督徒應該有作先知的使命，在一件事未成為無可避免而發生之前，就要努力加以思考。」[36] 因為，正如十七世紀法國哲學家帕

斯卡 (Blaise Pascal) 指出：

> 當一切都同時移動之際，看起來就會好像沒有一樣東西正在移動，就如在船上一樣。當人人都走向墮落之時，看起來似乎沒有人在走動，但是假如有人停下來，他就成為一個固定點，顯示出其他人正在急急往前衝。[37]

這並不表示我們一定要把每一項新科技都當作是敵基督堅不可摧的進擊，或是另一座巴別塔。[38] 我們沒有必要做極端保守主義的勒德分子 (Luddites)〔譯按：十九世紀初反對機械化的英國手工業工人〕，只因為新科技改變我們的生活形態而要摧毀之。[39] 人類善於創造發明，能懾服受造之物，包括科技設施，正好反映出人是照著神的形象被造所蘊含的意思。[40] 於此，一如在其他情況一樣，保羅的命令是中肯適時的：「但要凡事察驗；善美的要持守，各樣的惡事要禁戒不做。」[41] 然而經過察驗之後，我們會發覺，為了心靈的健康著想，網際空間有些地方是必須避開的。勒德分子式衝動並不完全是偏頗的。

隨後的篇章將會探討網際空間科技如何衝擊現代文化，如何塑造我們的心靈，以及應否加以接納、摒棄、改進。我們會特別討論到：後現代對自我的看法，以及這看法與網際空間裏的個人身分的關係；有些人嚮往能在網際空間脫離軀殼，甚或永存不朽；書籍與屏幕的關係對培育心靈的影響；客觀真理在數碼世界中的地位；網際色情工業之蓬勃發展；科技薩滿教 (technoshamanism)〔編按：薩滿教是古代東北亞巫術宗教的一種〕之新或舊宗教；一種在數碼性 (digitality) 中尋找神靈的網際泛神論(cyberanimism)；虛擬社羣的可能性；以及將基督教放在網上是否恰當。我就網際空間裏的心靈的命運作出的結論，既不屬烏托邦式，也不屬末世式；不過在下結論之前，還須在網際空間來回走動、仔細檢查、詳加討論。

註釋：

1. *Denver Post,* 4 July 1995.
2. Nicholas Negroponte, *Being Digital* (New York: Alfred A. Knopf, 1995), 7.
3. 引述自Clifford Stoll, *Silicon Snake Oil: Second Thoughts on the Information Highway* (New York: Doubleday, 1995), 21。
4. "50 and 100 Years Ago," *Scientific American,* June 1994, 12.
5. 引述自*The New York Times Magazine,* 3 March 1996, 40。
6. 這課題將於第八章再作深入討論。
7. William J. Bennett, *The Index of Cultural Indicators* (New York: NY: Touchstone, 1994), 8；所強調語氣屬原文所有。
8. Eugene Taylor, "Desperately Seeking Spirituality," *Psychology Today,* November/December 1994, 55ff.
9. 有關該新靈性論說的詳細資料，參Douglas Groothuis, *Jesus in an Age of Controversy* (Eugene, OR: Harvest House, 1996), 64～76。
10. Steven Levy, "The Year of the Internet," *Newsweek,* 25 December 1995-1 January 1996, 25.
11. 詳細資料參Howard Rheingold, *The Virtual Community: Homesteading on the Electronic Frontier* (Reading, MA: Addison-Wesley, 1993), 65～109。
12. Levy, 26.
13. 參Bill Gates with Nathan Myhrvold and Peer Rinearson, *The Road Ahead* (New York: Viking, 1995)。
14. Neil Postman, *The End of Education: Redefining the Value of School* (New York: Alfred A. Knopf, 1995), 38.
15. Langdon Winner, *The Whale and the Reactor* (Chicago: The University of Chicago Press, 1986), 10.
16. 同上，頁5。
17. 同上，頁9。
18. 引述自Kirkpatrick Sale, *Rebels Against the Future: The Luddites and their War on the Industrial Revolution* (Reading, MA: Addison-Wesley, 1995), 209。
19. Neil Postman, *Technopoly: The Surrender of Culture to Technology* (New York: Alfred A. Knopf, 1992), 18. 有關電視的滲透作用，參Neil Postman, *Amusing Ourselves to Death: Public Discourse in the Age of Show Business* (New York: Penguin, 1985)。
20. 這一直是以祿著作的主題，特別參閱*The Technological Society* (New York: Vintage Books, 1964), *The Technological System* (New York:

Continuum, 1980)，及*The Technological Bluff* (Grand Rapids, MI: Eerdmans, 1990)。

21.這課題將於第三章作更詳細討論。

22.引述自Dinah Wisenberg Brin, "Ice Cream Truck Driver Killed in Robbery, 16-year-old Arrested," Associated Press report (17 June 1994)；在Lynne V. Cheney, *Telling the Truth: Why Our Culture and Our Country Have Stopped Making Sense — and What We Can Do About It* (New York: Simon and Schuster, 1995), 203～204引用。

23.John Whalen, "Super Searcher," Interview with Reva Basch, *Wired*, May 1995, 153.

24.Max Picard, *The World of Silence,* trans. Stanley Godman (Chicago: Henry Regnery, 1952), ix.

25.同上，頁196。

26.同上，頁198。

27.Sales, 265.

28.Picard, 201.

29.同上。

30.同上，頁206。

31.羅十二2；另參約壹二15～17。

32.太五13。

33.參出二十1～17；太五1～12；林前十三1～3；加五19～23。

34.Francis Schaeffer, *The God Who Is There: Speaking Historic Christianity into the Twentieth Century* (Downers Grove, IL: InterVarsity Press, 1968), 18；強調語氣屬原文所有。

35.代上十二32。

36.Jacques Ellul, *In Season, Out of Season* (San Francisco, CA: Harper and Row, 1982), 106.

37.Blaise Pascal, *Pensées*, trans. A. J. Krailsheimer (New York: Penguin, 1966), 699/382, p. 247.

38.然而，在某些科技的取向中，建造巴別塔的人的觀點(創十一章)卻是昭然若揭；參第九章。

39.本書結語將就勒德主義作更詳細評論。

40.創一26～28；詩八4～9。

41.帖前五21～22。

第一章

網際空間裏的後現代精神

我們的心靈狀況反照我們的社會，我們的社會狀況也反映我們的心靈。因此，有志於了解心靈本質的人，應該做個文化稽核員。新科技之推出，反映了先前的哲學趨勢，也以新穎的方式鞏固了這些趨勢，引發出新的觀念和文化模式。雖然科技以多不勝數的方法開發它的文化天空，但是它附帶的結果卻往往很難察覺出來，除非我們努力將幕後的搬到幕前去。

我們是誰？

我們身處的環境，因為近在咫尺而且日日如常，所以我們很多時都不會加以留意；但是我們對自我的感覺、自己的個人身分，就在這個環境中成形，這真是諷刺。配戴矯正視力眼鏡的人，在眼觀目送之餘，很快便忘記鏡片的存在。同樣地，當科技一旦發揮了功效，就會變得不容易被察覺出來；它成為了一個人的一部分、一件被融合了的附加物或他的延展。正如麥路恆觀察所得：「如果說任何科技或人的延展創造了新環境，總比說媒體便是訊息好聽得多。此外，這環境又總是『看不見的』。」[1] 這個新環境——牽涉到的有電話、收音機、電視、電腦等等——既是心靈的反映，也是心靈的居所。

上一代睿智的護教學學者切斯特頓(G. K. Chesterton)，仔細端詳不安的心靈之祕密：

> 人人都忘記了自己是誰。人或許可以明白宇宙穹蒼，卻永遠不能了解自我；自我比任何星宿都遙遠。你要愛主你的神，但你不會認識你自己。我們都受著同一場思想災難所害，我們都忘了自己的名字。[2]

很矛盾地，我們常常離自己很遠很遠，就如我們離開科技最即時、最有熏陶作用的元素很遠很遠一樣；而那些科技正在微妙地塑造和體現我們一直弄不明白的心靈。各式各樣的聖賢哲人、占卜術士、薩滿巫師，都曾經試圖解釋我們存在的空白狀態(existential oblivion)，從而提出種種有關人性的啟示，說明其來源、目的、歸宿。聖經斷言：我們迷失了方向，正好表明我們已從恩典中墮落，掉進了與神分離、「活在日光之下」的泥濘中。正如帕斯卡精細地，即使是誇張地，提出：

> 傳道書指出沒有神的人是全然無知和必然地不快樂的，因為凡是想做卻不能做的人都不會快樂。如今他想得到快樂，希望能確信一些真理，然而他連對知道與不想知道的事同樣都是無能為力。[3]

偽裝的身分

被稱為後現代主義的多元知識運動給我們提供了一個方

法，既容得下帕斯卡的困窘，又永遠用不著消解之。我們天真地祝福那片渾沌、表示贊同那種混亂、放棄認識真正的自己，並欣然接受一種不真實、長期連根拔起的存在。就好像一帖保險杠小標語所宣告：「我已放棄現實。如今我在尋找一場香甜的白日夢。」後現代主義企圖虛構一門哲學（或一種方向），是完全不需要發掘本性、本質，或客觀意義的。我們可用以下來自網際空間的故事，說明所身處的古怪後現代環境。

作家司樂卡（Mark Slouka）講述一個朋友的故事。他叫這朋友做阿帆（Avram）。阿帆在網上「墮入愛河」。[4] 這似乎不是太過不可思議的事，因為很多浪漫故事都是藉著書信和電話開始和培養出來的。那麼，為甚麼不可以在網際空間尋到愛情呢？不過，情節卻逐漸變得複雜，也愈見變態。阿帆一直都有參與一個叫MOO（與牛叫無關）的虛擬世界，那是MUD的一種。[5] 或許你仍然不明所指，其實MUD是個多用戶網絡遊戲（Multi-User Dimension or Dungeon），你在哪一類的遊戲，就跟那一類的人說話。參與者稱為用戶，依照事先同意的環境氣氛張貼信息，互相交談。而MOOs全都是一些所謂幻想世界，紮根於離奇角色扮演的遊戲，例如與魔法有關的地下城與龍的遊戲（Dungeons and Dragons）。

這些遊戲沒有正式的贏家或輸家，也沒有硬性規定的遊戲規則；相反地，它們是仿真的文化，用戶在其中套用不同身分與其他偽裝的身分打交道，不論是術士、巫師、男神靈、女神靈、天使、魔鬼、外星人，或者比較平凡的人物也可以。玩遊戲的人可以在一個較大的組別中彼此交談，也可以透過將外人拒諸門外的專用「房間」（或稱「對話框」〔dialogue boxes〕）而作更加投入的參與。這些環境之中，有些是為不同口味的人特別製造的，用的是替身或者繪畫出來的人物，可以用不同的方法操控，使它們在圖片上說明打手勢或講話。這方面的科技目前只屬起步階段，不過看來將會有迅速的發展。[6]網際空間心理學家兼哲學家涂爾篙(Sherry Turkle)聲稱，這些虛擬世界為數超過五百個，虛擬人口數以十萬計，大多數是二十至三十來歲的人。[7]

阿帆是個政治科學研究生，已為人夫人父；他沉迷於一個MOO，並在其中假裝是「愛麗珊」(Allison)。阿帆讓司樂卡加入他的MOO，並與愛麗珊的老朋友「珍蓮」(Janine)傾談了一會兒。珍蓮講到她在網上遇上了「一生中的至愛」，兩人每天都有接觸。司樂卡問她從VR(virtual or computer-generated reality；虛擬或電腦產生的實境)轉到RL(Real life；真實生活)是否很難。她的答覆是：「我們從未在RL相遇上(唉！)。……我從沒想過我們會遇上。太難了！」於此，阿帆發起狂來，從司樂卡手中搶回鍵盤。

過後阿帆向司樂卡承認他(以愛麗珊身分)一直跟珍蓮在線上談戀愛。兩年來，他們每星期在VR見五次。因此，阿帆這個假裝是女人的男人，戀上了一個以為阿帆是女人的女子。對珍蓮來說，這段戀情是同性戀；但阿帆卻不是這麼想。他們甚至在VR「性交」——沒有接觸、不涉肉體、缺乏誠信、非夫婦關係、無固定身分的「性交」。(在第六章我們將嘗試慎重討論一下虛擬的性行為)阿帆不肯終止在線上的愛麗珊身分，也不肯放棄珍蓮。阿帆現實生活中的妻子又怎樣呢？她一點也不知情；雖然據司樂卡說，阿帆會不時「有一段五分鐘或十分鐘的時間魂遊象外……因為他的心神不在那兒——比方說，在自己現實的客廳中時，他是在網際空間裏與珍蓮一起。」[8]

阿帆不僅是一次的「魂遊象外」五分鐘十分鐘，當他與珍蓮連線之後，那可以持續好幾個小時；而就我們所知，珍蓮可以是個假扮女人的男子，那是很多人都認為比女扮男更為普遍的事。阿帆虛構了一個身分，而這身分卻長出了自己的生命來；那個虛擬生命，既堅決又令人沉迷，連他在網際空間以外的生活也備受影響，司樂卡指出這段線上情緣已到了不能逆轉的地步。阿帆期望他與珍蓮會繼續在線上私自假冒下去，「一生一世，或直到其中一人不再登入為止。」[9] 即使這段關係結束了，愛麗珊仍然是阿帆的一部分，毀滅她就等如殺了他的人格面貌(persona)。虛擬的愛麗珊已經入住真實的阿帆裏面，因而導致他現實的家庭有不穩定的情況出現，雖然司樂卡聲稱阿帆「仍能保住自己的性別身分」[10]，最少他不在連線時仍然做得到。

這一個偽裝身分的事件，與後現代主義有甚麼關係呢？愛麗珊與珍蓮這一段奇談，說明了、也鞏固了後現代主義者的主旋律。在不同環境採用不同身分，是這個新運動所准許的，因為它標示了一個信念之死，就是人不再相信自己是一元的，不再堅持自我，不再相信個人身分的核心是不可以化簡的。身分不再是固定的，而是流動的；不是單一的，而是多元的；不是既定的，而是變化不定的；不是明確界定的，而是散漫無邊的。心理學家傑根(Kenneth Gergen)十分支持多重人格面貌可以取代單元的人：「面具或許不是我們一度以為是淺薄的象徵，而是實現我們潛能的工具。」隨之他又提起詩人惠特曼(Walter Whitman)那異於常情的陳詞：「我有自相矛盾嗎？那樣，好吧，我就自相矛盾吧！(我是寬廣的，我包含了大羣大羣的人。)」[11]

被指責為「心懷二意」或「兩面人」——正如使徒雅各勸誡

我們不要心懷二意，以致在一切所行的路上，都沒有定見[12]——已不再被當成是侮辱，反而被看成是一個能走能講的多矛盾體所必然有的事。甚至若能做到心懷三意、四意，或者就此坦蕩蕩的心懷多意，就最好不過。後現代主義認為一神論企圖將神獨佔，於是加以排斥；同樣地，後現代主義認為個人的自我企圖不合情理地為心理學束上緊身衣，所以也加以排斥。結果是甚麼？我們將文化中的社會多元論內在化，當成是自我的心理多重性。

在某方面，西方的個人主義及強烈的獨立自主感，會因本身的不足而崩分離析。現代個人主義由啟蒙運動孕育成形之後，便與自己的「源頭」(Source) 斷絕關係，因而解除了一切束縛，得以在不受任何外界權威羈絆之下，體現自己的潛能。這個現代主義的自我嘗試將其欲望、價值觀和信念，整合成為一個不含神學權威或定向的和諧共存體。[13]相對而言，基督教的自我觀植根於聖經教義，説我們是照著神的形象和樣式而造，並且擁有非物質的靈魂，這靈魂有其明確屬性，長久不變。

很多當代的評論家都宣判完整結實的自我 (solid self) 已死，又公布離心的、散漫的自我 (decentered and diffused self) 已經誕生，而且在我們的多元主義文化那不斷變動的表層上浮游。法國後現代主義哲學家兼心理學家拉康 (Jacques Lacan)，在一份態度強硬的反存在主義宣言中，聲言：「我不是一個詩人，而是一首詩。」今天，自我成為被一大堆文化勢力利用的消極媒體，多於是人生意義與價值的基本核心；自我成為一件拼湊品，每一方面都不同、甚至矛盾對立，欠缺連貫性和客觀意義。世界與心靈都因而非常雜亂地變化多端——沒有錨、沒有中心、沒有周緣。意義不是被發現的，甚至不是被發明的，而是由於種種目的而被把玩、淺嚐即棄。謊話不可以用真相揭穿、暴露或駁倒；我們所剩下的只有謊話而已，而且我們就是一片謊言。當然，如果自我任何買賣也不做，只做謊言的交易，我們就無法抓得住真理是心靈養料這個觀念。

割裂，不是疏離

這就是為甚麼新聞工作者伍利(Benjamin Woolley)說：「人工實境(artificial reality)是真正的後現代狀況，而虛擬實境是其最權威的科技表現。」[14]一般而言，虛擬實境是電腦繪圖製造出來的模擬環境，人以不同程度浸淫其中。對很多人來說，或許「假即是真」這句話聽起來有點前後矛盾，然而不管多麼使人暈頭轉向，這就是後現代的形勢。涂爾篙指出後現代的自我不是疏離的，而是割裂的。「疏離」(alienation)是假設有一個專一兼單一的自我存在，不過如今已經不見了，或者隱蔽了。疏離的自我與自己分開了。但是如果一開始，自我已經不是單一的實體，那就沒有甚麼可與之疏離的了。(據稱，在人工實境具體化的過程中，只有當人誤將永久的、構成人的本質的屬性加諸自己的時候，人才會想起有個實在的自我。)後現代的自我患上了「身分焦慮症」(anxiety of identity)，但是它又沒有脱離自己的真正身分，因為那個身分根本不存在。[15]

網際空間的鑒別力(sensibilities)和結構每每使這種沒有歸家希望的錯置感(sense of dislocation)長存下去。涂爾篙堅稱，某些後現代主義者的概念得到電腦科技助長成為風氣，以致很多從來不會翻閱一本由後現代主義哲學家拉康、德里達(Derrida)或傅柯(Foucault)所寫的書的人，也會把這等概念據為己有。有人可能為了提高效率，或為了社會地位才購置電腦，從沒有想過「媒體就是信息」這回事，沒想到人類事業中這一項特殊發展並不是中立的：它帶著一種偏愛某些觀點和經驗的傾向。人進到網際空間，就會扮演多重角色，更有可能扮起異性的角色來。涂爾篙說：「如此一來，他們被一些經驗迷倒了，這些經驗容許他們探索自己性別上某些從未細察過的面貌，又或質疑他們對單一的自我所持的觀念。」[16]

「迷倒」(swept up) 這一詞是最值得注意的。當我們全神貫注於新科技的強大功能時，判斷力就會淹沒在如何使新科技有效地運作的籌算之中，以及淹沒在探索新的經驗所帶來的純感官快樂當中。頭一次駕駛跑車的興奮感覺，或會蓋過我們平日對道路安全的關注。車篷下的動力會引誘我們放縱自己某些個性特徵；在正常情況之下，我們會加以約束這些特徵，甚至從來都不曉得它們的存在。漸漸地，開快車會變得輕鬆平常。同樣地，或更為微妙地，網際空間奇異的力量會以出其不意甚或覺察不到的方法，吸引我們對它產生反應。

上文討論過的幻想領土，允許人採用多個展示自我不同成分的自製身分(不管多麼變態也在所不計)。這些身分摒棄一切有形的存在和有血有肉的交往之豐腴，正如我們在下一章所探討的一樣。它們是用文字(有時用圖象)代表人物個性中的斷片，以閃電的速度在鍵盤與熒幕之間來回投射。在真實生活中普通人永遠不會考慮作個易服的人，在網上卻會想試試玩「性別身分的滑變」(gender surf)。他們被揭穿的可能性極低，對偽裝身分的承擔也很小(最少起初如是——還記得愛麗珊嗎？)，而且這些經驗唾手可得，一點也用不著學會塗睫毛液或踏高跟鞋。身分也可以隨時取捨，因為要用的工具就在手邊——滑鼠等著你的指示，而且沒有人會知道的(除了神以外)。

穆爾雖然沒有談到以電腦作中介的身分，但是他採納了一種基本上屬自我的多神信仰心理學(polytheistic psychology)。在1992年出版的《心靈關顧》一書裏，他聲稱一神論信仰——信奉單一位與人建立關係的神——限制了自我發展。[17]任何信仰，如果要求我們只許效忠某個客觀真理，就會被認為是束縛多多、對心靈有害的，因為那些觀念壓抑進步成長和內心探索。[18]若要培植心靈，就得了解和探究其多形態的潛能；雖然可賴以而活的有很多層面、許多自我、諸多神佛、大堆神話，但是沒有一個是在道德上對所有人都具約束力的。這種內心世界的多神信仰雖然取締了部落文化公然展示的泛靈主義，但同時又將那些文化中的神話、傳説及禮儀大量地注入一個作心理研究的論壇上。在裏面找到的神靈都可以表露其原始能力，不受任何一神論關於偶像的道德教化所攔阻。對穆爾及其追隨者來説，自我已離心、重新神話化，並且樂於接受各式各樣的神祕習俗(occult practices)；穆爾宣稱那些神祕習俗是用來發掘自我的工具。

這種言論——推舉離心的自我及試驗新的多神教，顯出很多人已經放棄尋找任何合一的及全面的世界觀。當神——作為終極意義、價值、旨趣的源頭和中心——從社交場合中蒸發之時，一羣忙碌的偶像就一湧而上，對那騰空了的領土虎視眈眈。人拒絕了神的超越性，人之為人的意義也隨之被廢，因為人已與惟一解釋他們的根源、本性、目的和歸宿的基準點隔絕。自我若在自己以外找不到可寄託的，就只能漂浮於不穩定的波濤之上，認定自我是隨意變化多端的、是無常的，嘗試藉此得安心。正如社會學家貝格(Peter Berger)精確地借用陀思妥也夫斯基(Dostoyevsky)的名言：「假如神不存在，萬事皆可行」，亦暗示了「任何一種自我都有可能；若問這些眾多可能的自我之中哪一個才是『真的』，就變得毫無意義」，因為自我會溶解於其社會生活當中。[19]

溶解中的自我及其不滿足之處

溶解中的自我被認為是後現代世界的自然現象；在那個世界裏面，屬靈和道德權威的固定點已經逐漸退而成為消失點。正如帕斯卡敏銳地觀察到：

> 生活顛七倒八的人會指生活正常的人為背離本性的人，而他們則以為自己正在順著本性而行；就好像在船上的人還以為岸上的人正慢慢走離一樣。無論在任何情況之下，我們都明白到：我們要有個固定點才能判斷事情。雖然港口是船上的人的固定點，但是，我們往哪裏去找道德的港口呢？[20]

雖然涂爾篙將後現代主義哲學帶進了她對網際空間的分析，然而連她也感受到離心的自我之雜亂無章。在《有線》雜誌的一次訪問中，她斷言：「健康的人格發展之目的不是要成為一個『一體』、不是要變成一個統一的核心，而是想得著一種靈活變通的能耐去協調眾多的人格，穿插於多重身分之間。」我們需要「進入自我的眾多面貌，並且想方設法加以協調、整合。」[21] 雖然採訪者同意涂爾篙的看法，但還是提問了她對「真確性」(authenticity) 這概念的意見；涂爾篙在此變得頗為躊躇。她承認自己在《熒幕上的生活》(*Life on the Screen*) 一書中，表達到她「非常努力地建立一把穩定的、前後一致的、作者的聲音。……在某程度上，那跟我就後現代主義所發出的信息是不相稱呢？還是其實很相稱呢？」[22] 涂爾篙仔細估量：「我們既是單一的，亦是多元的聲音。我正為這個議題百思不得其解，而很多人也解決不到，這個議題對我十分重要。」她承認：「人強烈地覺得需要有一致的事物。」[23]

涂爾篙努力在一個散漫的、離心的、溶解在網際空間中的自我裏面尋找意義。她像很多網際空間公民一樣，欠缺了帕斯卡所說的「固定點」；從那一點，她認識自己天地裏的自我，為自己定方向，不管是在網際空間也好，或是在其他地方也好，網際空間所披上虛假的身分已證明了和放大了自我的割裂，但是由於涂爾篙對人類從恩典中墮落的概念所知不足，[24]所以她只能嘗試為自我的割裂辯護。然而她仍然覺得還需要某些東西，某種方法將自己與一個前後一致的身分締結在一起。多重自我之所以大受讚揚，其實是由於其中一個自我完全無力應付生活中一切複雜的情況和考驗。多重性(multiplicity)因沒有對手而受到推崇。然而，一個已碎為十數片的、力有不逮的自我，也難望有機會過完整協調的生活，這正是〈矮胖子故事〉(“Humpty-Dumpty”)的重現。〔譯按：Humpty-Dumpty是西方童謠中一名矮胖子，他從牆上摔下來，跌得粉碎。〕

哲學家海姆(Michael Heim)在一本探討網際空間的本質的著作裏，表達了人對真實體有著同樣的需要。他坦率地寫道：

> 我們不可能在這個起伏多變的世界以外，找到核對我們的真實性的錨。沒有一個萬物之神能保證萬事會恆久不變。但是我認為，我們需要某種形而上的固定感來提升虛擬世界。虛擬世界必須與真實(固定)的世界對照，才能算為虛擬。[25]

雖然這個終極真實體問題迫切地需要得到重視，但是海姆卻迴避神的存在的問題，反而選取道教（Taoism）——一個缺少了一位超越的、向我們說話的、有位格的神的世界觀。道教的主要經典《道德經》，盛名在於否定在我們自己以外可以有任何道理：「道可道，非常道。名可名，非常名。」[26]。無名的靜默也就說不出甚麼心靈實況來。

海姆和涂爾篙使勁地在一個狂亂的、多元的後現代環境中，尋找真確和權威，為自我與道德下結論。假如涂爾篙根據自己所主張的哲學寫下她對網際空間的研究，那報告可能只是一堆語無倫次的廢話，多於一系列連貫的思想。肯定的是，市面上愈來愈多這類荒謬的書籍，不過涂爾篙是位真誠的哲學家，應不會縱情於這種不一致的做法。

涂爾篙就自我本性所寫的那些充滿困惑的思考，泄露了人類現今狀況之迷失與割裂，而那正是長久以來備受哲學家、詩人、先知、神學家所嗟歎的事。雖然人人都擁有一個使自己與別人有所區別的身分，而且我們相信那身分的核心就是我們的靈魂，但是諷刺地，我們並不是自自然然地熟悉自己。有些人聲稱我們擁有多個自我，或說我們基本上就是多個自我，那麼，他們得面對一個難題，就是如何鑒別這許多的自我，究竟是誰或者是以何物去挑選和穿上這些自我呢？人或許會因應環境來調校自己的行為，也會受朋輩壓力影響而改變自己，這算不得甚麼啟示。[27] 然而除非我們預先假設：在種種行為的中心，有一個有位格的中介、貫徹始終的實行者，否則便不能保存理性選擇和道德責任的概念。一羣的自我並不足以構成一個可以活出一個人來的模式。

從基督教觀點看自我

然而，一直以來——在伊甸園以東——人類都是注定擁有一個傾向於多元和混亂的自我。哲學家詹姆斯(William James)觀察到：所有宗教——儘管它們的世界觀有著天壤之別——都肯定人類有一些必須更正的錯誤。[28] 正如切斯特頓所言：「基督教的主要矛盾在於人普遍都不是在健全的、通情達理的狀況中，而正常的自我反而是反常的。」[29] 基督教信仰解釋我們之所以無家可歸、割裂、反常，都是因為我們離開了創造主；這個狀況是始祖遺傳給我們的，也是我們不顧道德責任而縱容自己所致的。我們在情感上的疏離，會延伸到與別人、與大自然、與自己的關係之中。帕斯卡從神的角度說出人是怎樣墮進罪中的：

> 他想以自己為中心，不要我幫忙。他脫離我的管治，
> 抬舉自己到與我同等，一心想在自己裏面尋到快樂，
> 於是我就丟棄他，由得他自把自為。[30]

遭神丟棄、任憑己意、以自我為中心，結果很吊詭地產生了一個離心、迷失方向的自我——既為自己的多元性神魂顛倒，又為自己的分裂狀況困惑不安。在線上扮演不同角色的人，會因為可以表露自己的不同元素而樂在其中；但是哪個元素才是真的、美善的呢？哪一個應該剔除或排斥呢？哪一個應該尊重鼓勵呢？傑根抨擊說：「『貫徹統一準則』(code of coherence) 要求我們去問：『**如果我是真實的乙——甲的相反，我怎能做甲呢？**』其實我們應該只是嘗試分辨：『**是甚麼令我在這一刻做甲呢？**』」雖然我們應該「關注那些破壞我們所喜歡的生活和愛的方式的傾向……但是當我們找到多重的

興趣、潛能和自我時，就不應覺得焦躁、憂鬱或反感。」[31] 但是當我們評定傾向的優劣、克制自己的衝動、喝止邪惡、褒獎和建立美善的時候，卻沒有準繩可依，那麼焦躁就是自然的結果。對於這些疑問，網際空間本身是徹底地緘默無言。雖然它或許能夠為五花八門的自我之種種表現提供一個媒體，但是它卻無助於聯繫羣眾、將噪音化為合唱、給心靈帶來安慰。如果用作偽裝身分的劇場，它或會起到剛好相反的作用。

離心的自我在傳說中所擁有的價值，已被過分吹噓，但是它的損害也被低估了。即使是在後現代世界裏面，那些常被讚賞的人，都是一些思想穩健、誠實正直、憎惡虛偽的人，而且因為他們品格健全澄明而得人信任，由此可見，正直的品格仍然備受表揚和嚮往。我們奉為英雄的人都表現出一種骨氣，在逆境中屹立不倒、佔盡上風。然而，離心的自我在各方面都是自毀的。我們說某人「沒有脊骨」或「活像變色龍」，都不是嘉許之詞。假如我們說某政客對某個議題的意見「遍布於地圖上」，便是因為見到他的立場飄忽，而質疑他的品格。不論是在連線時或是不連線時，任何以「離心的自我」或「身分的散漫感」為理由的，都不足狡辯自己在道德上是反覆無常。

抵得住風霜炎日的自我

基督教世界觀為單一的自我觀提供了一個哲理基礎，詮釋自我的放蕩衝動，並予人希望：藉著神在基督裏賜予的醫治和救贖，使心靈中的美善得以鞏固和發揮。讓我們簡略地討論一下，這些傳統基督教主要思想與在網際空間取得的多重身分有甚麼關係。

所有人都擁有一種人類的本性或元素，讓我們可以認識神，並使我們與動物界有所區分。我們是照著神的形象與樣式而造，故從此所衍生出來的和有限度的方式，反照出神的性情、道德力量和才智。這樣我們的身分就牢牢的建基於我們的創造主裏面，而不是建立在偶發的大自然力量之上，或者單單植根於周圍環境之中。正如貝格所說：「如果有真我存在，也只能參照一個超越性的框架中，才顯為真。」[32]

儘管我們墮落了，但人類的本性仍然反照出神的某些東西，不管那反照是多麼的扭曲和割裂，這種惱人的扭曲不一定是絕症。人類本性可以藉著神與人之間的中保耶穌基督的生、死與復活而得以修補。[33]藉著信心，屢屢犯罪的人可以得到生命創造者完全接納，克服割裂，而且整個人可專注於服事基督和祂的國度，這可以從幾方面看出來。

我們深信聖經中所記載的，是神給受造物的指示，我們也樂意接受聖靈的引導，藉此學懂鑒察自己有哪方面應該栽培、廢除或者重整。福音的榮耀容許我們認識到自己的真正面貌：我們是道德腐敗的人，極需要自己以外而來的恩典，是一種藉著基督在十字架上捨生而得著的恩典。[34]耶穌的死與復活足以讓我們在神面前稱義，祂又鼓勵我們將自己的個性合一起來，以致整個人服在祂的主權之下。

活在基督的主權下，意味著某些可能有的自我——那些深受情欲、盜竊、殺戮、淫亂、貪婪、惡意、欺詐、猥褻、嫉妒、誹謗、傲慢、愚行所支配的不道德的自我——要死去。[35]若那些自我死了，我們——與我們周圍的人——都會活得很好。詩人向獨一真神祈求心靈專一：「耶和華啊，求你將你的道指教我；我要照你的真理行；求你使我專心敬畏你的名！」[36]福音給予我們一個以基督為中心的自我，一個抵得住風霜炎日的自我。

耶穌基督體現了一個完整、專注、極有意義的生命，這生命成為我們作信徒永遠的榜樣。耶穌是個完全人，他順服天父旨意、得著聖靈的能力，他的生活也符合神用文字記載的啟示。他忍受並勝過試探，避開浪費精力的玩耍，而且他不但是披上了肉身的神，更是無罪的人，他有絕對誠實之具體表現。此外，他將自己的信徒改變成像他一樣。

使徒保羅強調藉著基督在聖靈裏的能力，而得著心靈釋放之道。在聖靈的臨在與激勵中生活，會結出永恆的果子，就是「仁愛、喜樂、和平、忍耐、恩慈、良善、信實、溫柔、節制。」[37]在聖靈的管理範圍以外，有「情欲的事」，就是「姦淫、污穢、邪蕩、拜偶像、邪術、仇恨、爭競、忌恨、惱怒、結黨、紛爭、異端、嫉妒、醉酒、荒宴等類。」[38]

除了聖靈的果子，保羅還談到聖靈各式各樣的恩賜，都是為建立教會和廣傳福音而賜下的。雖然耶穌的門徒全都受了感召，要活出聖靈的果子，但是各人所領受的恩賜，卻是由聖靈依照自己心意分配給不同的人的。[39]我們若發掘到自己的恩賜，就能得著釋放，不再追求仿傚自己所不可能做到的事，也容許我們將精力貫注於神賜給我們的才幹之中。我們在基督裏的呼召，糅合了我們喜愛做的事、我們做得好的事和我們必須做的事，目的是榮耀神、造就教會、造福世人。正如布克拿(Frederick Buechner)所言：「神呼召你去的地方，就是你最極大的喜悅與世人最深切的渴望相遇的那一處地方。」[40]

對於那些沒有穩固地紮根於基督的救恩與使命的人，網際空間可能會危害到他們的品德，以及神想他們達到的豐盛境界。在交談室、MOOs、MUDs及其他討論板裏所見到的，間有頗為激烈的交談，而大都是匿名的，也很容易虛構。除此以外，一如我們曾討論過，它還會令人上癮並帶拆毀性，因為自我的面貌都被分割出來，各自展開一種離奇古怪的生活。

不過，有些人仍讚揚網際空間是將靈魂從身體的籠牢釋放出來的工具。他們褒獎數碼時代引進了一個離體智能(disembodied intelligence)的新紀元，任由人去探索和入住一個擁有近乎無限可能的電子領域。他們說得對嗎？

註釋：

1. *The Letters of Marshall McLuhan,* Matie Molinaro, Corinne McLuhan, and William Toyes, eds. (New York: Oxford University Press, 1987), 309.
2. G. K. Chesterton, *Orthodoxy* (Garden City, NY: Image Books, 1959), 54.
3. Blaise Pascal, *Pensées*, trans. A. J. Krailseimer (New York: Penguin, 1966), 75/389, p. 49.
4. Mark Slouka, *War of the Worlds: Cyberspace and the High-Tech Assault on Reality* (New York: Basic Books, 1995), 56～60.
5. 具體而言，MOO是指一種用目標導向程式設計的MUD。
6. 參Robert Rossney, "Metaworlds," *Wired*, June 1996, 142ff。
7. Sherry Turkle, *Life on the Screen: Identity in the Age of Internet* (New York: Simon and Schuster, 1995), 11.
8. Slouka, 59～60.
9. 同上，頁59。
10. 同上，頁60。
11. Kenneth Gergen, "The Healthy, Happy Human Being Wears Many Masks," in *The Truth About Truth: De-confusing and Re-structuring the Postmodern World*, ed. Walter Truit Anderson (New York: J/P/Tarcher/Putman, 1995), 144.
12. 雅一8；另參四8。
13. 有關此歷史及哲學發展的精闢概要，參Os Guinness, *The Dust of Death: The Sixties Counter-culture and How It Changed America Forever* (Wheaton, IL: Crossway Books, 1994), 17～52。這一章以〈人文主義的脱衣舞〉（"The Striptease of Humanism"）為命題，真是一語中的。
14. Benjamin Woolley, *Virtual Worlds* (New York: Penguin Books, 1992), 169.
15. Turkle, 49. 涂爾篙主要是談詹明新（Fredrick Jameson）的工作。
16. 同上，頁49。
17. Thomas Moore, *Care of the Soul: A Guide for Cultivating Depth and Sacredness in Everyday Life* (New York: HarperPerennial, 1992), 99, 107, 233.
18. 同上，頁246。
19. Peter Berger, *A Far Glory: The Quest for Faith in an Age of Credulity* (New York: Dell Publishing Group, 1992), 98.
20. Pascal, 697/383. p. 247.
21. Pamela McCorduck, "Sex, Lies, and Avatars," Interview with Sherry Turkle, *Wired*, April 1996, 164。

22.同上。

23.同上，頁165。

24.參創三章；羅三章。

25.Michael Heim, *The Metaphysics of Virtual Reality* (New York: Oxford University Press, 1993), 133.

26.有關道教的概要及評論，參Kent Kedl and Dean C. Halverson, "Taoism," 在*The Compact Guide to World Religions*, ed. Dean Halverson (Minneapolis, MN: Bethany House, 1995), 216～233。

27.參Gergen, 138～142。

28.William James, *The Varieties of Religious Experience: The Words of William James*, ed. Frederick Burkhardt (Cambridge: Harvard University Press, 1985), 400. 有關反駁所有宗教都是宣揚同一位實在者之看法的一個論點，參Douglas Groothuis, *Are All Religions One?* (Downers Grove, IL: InterVarsity Press, 1996)。

29.Chesterton, 158.

30.Pascal, 149/430, p. 77.

31.Gergen, 143；所強調語氣屬原文所有。

32.Berger, 122.

33.提前二5。

34.有關因信稱義的經文及宗教改革派的教義，參R. C. Sproul, *Faith Alone* (Grand Rapids, MI: Baker Books, 1995)。

35.可七21～23。

36.詩八十六11。

37.加五22～23。

38.加五19～21。

39.參羅十四章；林前十二～十四章；弗四11～13；彼四10～11。

40.Frederick Buechner, *Wishful Thinking: A Theological ABC* (New York: Harper and Row, 1973), 95. 有關呼召的聖經教義之精闢討論，參Os Guinness, "The Calling of God," 錄音帶可向Trinity Forum Publishing, 5210 Lyngate Court, Suite B, Burke, VA 22015訂購；亦參John Stott, *The Contemporary Christian: Applying God's Word to Today's World* (Downers Grove, IL: InterVarsity Press, 1992), 128～145。

第二章

數碼世界裏脫離軀體的存在

人類花了不少努力，尋求擺脫必死之身的限制之法。很多古老宗教傳統教導人相信，惟有達到永遠脫離軀體之狀態中，靈魂方能找到最終拯救。靈魂是不朽兼且凌駕肉體之上，這一直都是希臘哲學的主要內容，如柏拉圖主義及新柏拉圖主義等，也是非閃族語系 (non-Semitic) 宗教的主要內容，如諾斯底教派、印度教、佛教，以至今天新紀元運動中的不少表述。近日很多人對天使著迷，很大程度上是由於天使的非實體性，它帶有影響物質世界而不受其限制的屬靈能力。[1] 身體的衰變——它不斷渴求不足的資源，不甘於成為能量衰退的奴隸，易感痛楚，堅決不服從意志和想像——使很多人拒絕讓它進入最終得著救贖的國度。他們認為人若要得救，就必須被救**脫離**身體，而不是在身體**裏面**得救。最終，物質並不重要，最好不要理會它。在這套屬靈方案之中，創造、道成肉身、復活都屬異類。脫離身體是最終的獎賞，因為創造若非錯誤就是幻象。

技術上脫離肉身

想衝破有形體系的障礙之迫切渴求，並不只見於公開的宗教表現中。在一個如此抗拒心靈渴慕的世界裏面，有很多人想減少或解除帶著軀體生存的痛苦，於是便極力強調科技是絕對必要的。我們認為，好像洗碗碟機、洗衣機或電動剪草機等「省力裝置」，既提升了我們的生產力，同時也減少了我們所付出的體力。現代醫學，能處於最高水平，也是靠一大堆診斷技術、化學技術及干預式技術，力保人體不受疾病侵害、不至於朽壞。通訊科技，例如電報、電話、擴音器、收音機、電視等，擴大了我們的說話所能達到的範圍，以補我們的不足。

網際空間提供了只此一家的脫離軀體方法。正如前述，網際空間是一處地帶或區域，資料在其中藉著記錄在矽上極微細的數據位元而被存入、交換、擷取，然後取道電腦系統，快速地透過電話線自一個熒幕傳送到另一個熒幕。矽怎樣成為脫離軀體的靈魂的媒體呢？網際空間對於我們得以解脫物質的束縛一事，可有——若是有的話——答應過帶來甚麼希望嗎？看看一些古老的科技便能幫助我們解答這個問題，因為脫離軀體作為科技的一個效果，並不是甚麼新鮮的事。

資訊科技在不同程度上使傳送中的資訊脫離它原本的軀體。即使是從口傳文化轉移到文字記錄文化，也每每使知識脫離它原本的軀體。從前曾經需要由活人熟記和背誦的資料，如今透過蒲草紙、羊皮卷或紙張就可以重新獲得。然而，書籍本身是實物，烙上作者思維的印記。這些書任人閱讀、觸摸、評注、分發。(我在下一章會更詳細討論這一點)

又以電話為例。電話不但將聲音伸展到遠遠超乎聲帶能力所及，還將聲音與面孔和身體分開。早期使用電話的人覺得這種不見面的交流，既別扭又不自然。如今，他們當然都適應了，也忘記了初期的怪異感覺。哲學家博曼(Albert Borgman)曾探索電話所帶來的人際轉化。

> 電話已經……減少了讓人能全然和真正面對面相見的探訪機會。面對訪客，我們不得不將當時當地的整個自己展露人前，也許是臉上表露的愁容、頹然的體態、不整的衣冠、凌亂的居所。但是既然這樣子顯露了自己，我們也就能夠希望得到實際的安慰——訪客的一個關注的眼神、鼓勵的一握，而且那人還會清理餐桌、洗淨盤碗、擺好椅子。[2]

電話通訊，雖然好處多多，卻把聲音與身體隔開，也與較豐富的共享環境隔離，把另一個有血有肉的人身上的細微差異、精妙之處和意外的驚艷，統統都窒礙了。電話網絡矢志達到電子形式的無處不在，但是如此一來就得付代價，要消除或至少縮小觸覺、視覺和嗅覺的地位。正如博曼所觀察到：「不管人正在地球哪個地方，如果參與其中的人都是無可無不可的，就沒有一個人的參與是不可少的了。」他們擁有一個「貶低了的存在，因為假如他們的存在變成是累贅，我們總可以令他們消聲匿迹」，又或者篩走他們(例如用電話錄音機或留言信箱)；[3]況且「掛線」總比當面踢走人來得容易。

當然，如果電話的連繫是手頭上惟一的通訊聯絡方法，心靈也會從中得到裨益。數年前我身在俄羅斯，妻子麗碧則在科羅拉多州，我打電話給她，才知道她剛在我們新近移居的丹佛市買了一所房子。那電話是個天賜的禮物，因為我雖然不可能親身接觸愛妻，但仍然能夠即時得知她的情況。同樣地，當電話是惟一的選擇時，我也曾通過電話與人祈禱。儘管如此，這技術會變得不顯眼，令人習以為常、不為意，於是面對面交談所能達到的更豐富層面，也被忽略了。

就好像電話一樣，我們曉得，當我們聽收音機時，確有一個身體正在發出那把聲音，不過對我們來說，那身體是晦暗不明的。偽善變得更輕而易舉，欺詐也更省時省力。(我聽到的是總統本人，還是有人假冒他？)除此以外，那把聲音並不是對準某一個人而說，也不是特別與某一個人交流；相反的，那把聲音是向著很大程度上不知、也不可知的「聽眾」而播放的。再一次地，我們為了要邁向無處不在，而不惜以放棄親臨現場這機會作為代價。人退音進！

脫離軀體——網際空間的風格

網際空間迅速興起的技術之中，不少都答應會讓人得到類似的、擺脫肉身拖累的效果，箇中不無反諷的意味。物質世界實在牽制著心靈那些貪得無厭的欲望，然而又正是這個物質世界將資源投放於那些旨在釋放身體束縛的技術上。一大羣網際哲學家表現出一種差不多是諾斯底教派的物質觀，但同時卻又崇拜物質科技的能力，祈求它提供脫離軀體的媒體。在科技冒起之前，諾斯底教派的信徒追求讓心靈脫離物質的「絆陷」。然而，網際諾斯底教派的信徒卻與未能發揮學習潛能的地球達成協議。他們沒有把地球當為純屬廢物而棄之不理，卻利用地球的物質資源為發射台，進駐一個仿真的——卻又不可思議地屬靈的——存在領域。心靈可以在網際空間找到新的自由，但如何去找呢？

當自我在大多數時間內都是遠離實際生活上與別人交往的封套中，就會顯得特別變化不定和易受影響，或許它會覺得更加自由。報上有一篇文章，題為〈網上健康：恐懼症的避難所〉(“Health on the Net: A place to flee from phobias”)，談及一名患了躁狂抑鬱症的女士，那病令她在社交場合中感到極度焦慮，所以她很多時都躲在家中與世隔絕。然而，連線卻給了她一個途徑，與一些人自由通訊；若非如此，她與那些人便無緣交往。透過一個叫做「幽暗行者」(Walkers in Darkness) 的郵寄表列伺服 (list-serve) 小組，她聯絡上一羣患了相同病症的人。(表列伺服器容許用戶寄出有關某個特定題目的信息，該信息隨即自動分發給關注那個問題的人，而收到信息的人又可反過來作出回應) 她解釋在線上「人認識你是由於你寫的東西，而不是你的樣貌或者你給人的印象。」她還説，有形的支援小組會有威脅感，因為小組期望人人都會説些甚麼。「電子郵件卻不然，匿名令人安心。而且進退都可以一樣靜悄悄的，無須大吹大擂。」[4] 熒幕上文字發出的光，沒有被人盯著那般恐怖。

這位女士可有找到自由？是有，但也是沒有。有，是因為她的通訊範圍比從前寬廣了，她可以傳話給別人，別人也可以轉過來回覆她，從熒幕到熒幕，按自己的意思去做。但是她也沒有找到自由，因為她的自由有代價，就是不再在文明生活的心理、地理、建構之中體驗到帶軀體的同在。假如那位女士的躁狂抑鬱症已達到不可藥救的地步，我們或者會為她那微少的技術性補償而高興。至少她現在可以透過在熒幕上的書寫和接收信息來表達她的個性，而且可能得著一點幫助。儘管如此，那無生命的熒幕帶來的安慰，相對於日常生活中有血有肉的突發事故，可能會加強她對公眾環境的恐慌，令她更加想與活生生的人隔離、絕緣。

此外，她收到的意見可能披著無名無姓的罩篷，因而掩蓋了給予意見者的資歷。心理學家戴寶格 (Constance Dalberg) 經常密切留意不同的醫學「新聞羣組」(newsgroup) (或表列伺服器)，她注意到在她監察的三十九個新聞羣組之中，「大多數張貼（信息）的人，都不容讓自己的資歷被人一看便知。」所提供的資歷也可以是十分含糊，就如即使有人的博士學位與醫學無關，仍可自稱是某某「博士」或「醫生」。[5] 有見於這種通訊方式的性質，就不能排除有公然欺騙的可能。在網際空間幽深之處以假名冒充，比起在面對面交談的情況中，容易得多了。

希望能逃離大自然、物質世界那些毫無條理和無法預測的環境的人，並不只限於精神病患者。正如社會評論員湯普生（William Irwin Thompson）觀察到，很多美國人所關注的，不是如何增強或矯正大自然，而更多是如何用一些按程式執行的技術去取代大自然。[6] 迪士尼樂園勝過它原本模擬之物，因為它安全、經過淨化，到處都是常掛笑容朝氣勃勃的職員。[7] 同樣的動力也在網際空間裏運作，所需用的資源全都在線上，而且近若鍵盤，所以人不用長途跋涉地往圖書館鑽。似乎一個嶄新的宇宙在等著我們。

曾受僱於蘋果電腦的卡勒高（Ken Karakotosios），設計了一個電腦程式，模擬一個想像中的生命進化過程，稱為「擬命」（SimLife）。在該程式裏面，「你創造一個超生命（hyperlife）世界，注入小生物，讓牠們進化成一個趨向複雜化的人為生態。」目前卡勒高正致力「撰寫生命最大最好玩的遊戲，一個終極的活程式。」不過他承認：「噢！只有宇宙才大得足以執行生命終極遊戲。宇宙作為平台的惟一一個毛病，就是它現時正在執行某些人的程式。」[8] 卡勒高似乎承認，有證據顯示宇宙中有存在著智慧的設計（或一個「程式設計員」），[9] 不過他想加以改良，創作一個自己的網際生命——一個不受離線世界（unwired world）的瑕疵影響的專人設計的實境（designer-reality）。將聖經的話倒轉來說，神所不能的，程式設計員都能。[10]

進入網際空間？

曾經上演的兩套電影——《異度空間》及《異度空間續集》，都是以幻想人進入了網際空間為主題。在第一集裏，主角祖伯(Jobe)頭一次經驗網際空間，是藉著穿起進入虛擬實境的衣服；然後，在接著一場戲裏面，他宣告：「我要……完成最後一個進化階段。我會將自己投射進大型電腦主機裏去，變成純能量。」[11] 當然，如果能量是自然的，或是用之不竭的，或是堅不可摧的話，那麼，電路系統能量就不能算為是純能量。儘管如此，祖伯追求脫離軀體的超然境界之心，則是一目了然。

吉布森在1984年首創的網際浪人小說《神經戰士》，以同一腔調稱身體為「濕件」(wetware)，又稱具體世界為「肉空間」(meatspace)。在那本書裏，吉布森描述一名電腦痴嗟歎自己失去了把意識載入電腦矩陣(computer matrix)的能力。

> 凱斯(Case)是個為網際空間無軀體的歡騰而活的人，對他而言，這就是墮落。在他還是個炙手可熱的牛仔時，精英們的立場是對身體採取某種毫不著緊的輕蔑。身體是肉，凱斯墮進了自己身體的囚牢。[12]

即使是在科幻小說娛樂以外，仍有一些人懷著丟掉肉、走向矽的熱望。莫拉域(Hans Moravec)是卡尼基－梅隆(Carnegie-Mellon)菲爾德機械人技術中心(Field Robotics Center)活動機械人實驗室(Mobile Robot Laboratory)的主任，他利用機械人技術製造了一個合成宗教。莫拉域本來就不是個會抑制自己，以及對科技表示樂觀的人，他在自己的著作《智童：機械人與人類智慧的未來》(*Mind Children: The Fu-*

ture of Robot and Human Intelligence）中曾斷言：「我相信擁有人類智能的機械人將會在五十年內變得隨處可見。」然而他也承認：「相比之下，今天最優秀的機器所擁有的智慧，活像昆蟲的智慧多於像人類的智慧。」[13] 這個聲明假設了人類智慧只不過是非常精密的計算結果，而執行計算的則是科學家明斯（Marvin Minksy）一度稱為「肉機器」（meat machine）的人類。[14] 雖然老一輩的物質主義者，如羅素（Bertrand Russell）等人，相信他們的世界觀注定他們要絕種，但是莫拉域卻宣稱長生不老是可以達到的——不過就得靠少許機械人技術的協助才成。

莫拉域在一場戲劇性的記敘中，描述讀者被推進一間由機械人操作的手術室，在那裏他們會麻醉他的頭蓋。在他仍然完全清醒之下，機械人外科手術師打開他的腦蓋、素描他的腦、把有關資料記錄在電腦裏。莫拉域巨細無遺地將過程細節詳述之後，跟著說：

> 腦部一層又一層的被模擬，然後挖走。最後頭蓋空空如也，〔機械人〕外科手術師的手按在你的腦幹深處。雖然你沒有失去知覺，甚至思維也沒有迷失，但是你的思想已經從腦袋取出，遷移到一部機器裏去。臨到最後的、叫人迷茫的一步，外科手術師將手挪出來。你那突遭拋棄的身體痙攣大作，繼而死亡。你體驗到一陣子的安靜與幽暗。隨後，你再一次張開眼睛，你的視線已經轉移。從電腦模擬連接在外科手術師的手的電線已經拔掉，而重新接連到一個閃亮的新身，他的樣式、顏色、物料都依照你的選擇而定。[15]

腦袋的居所本來是脆弱的，已被當作退化的器官來棄掉——可能博物館會合用，但不再適合腦袋了。儘管如此，你的意識卻能永存，因為它大可以在儲存思想的機器耗損之前，先為思想複製副本，[16]甚或可以用激光將你射進其他星球的機械人裏面。[17]莫拉域的著作可以在圖書館和書店的非小說分類中找到。

「進升者」(Extropians；源自extropy一字，即entropy的反義詞〔譯按：entropy是指宇宙中能量與物質的退降數值〕)是指一羣標奇立異的科技愛好者，他們抓住了這些數碼烏托邦情節，並且成為如社會評論員達里(Mark Dery)所言，是「網際文化中大聲支持將身體拋進二十世紀廢堆的人。」[18]他們的哲學不缺樂觀，亦稱為超人本主義(transhumanism)：人類若藉著未來科技來克服宇宙中能量與物質的退降和死亡本身，就可以得超脱。按照他們所說，人如果不是有他們那樣信念的話，就是個死亡主義者(deathist)。

進升者羅斯(David Ross)說：「既然腦結構僅是線路硬件，我們就應該嚮往丟棄身體，將思想上載到『全球網際空間資訊網』(the world-wide Cyberspace Web)。」[19]這一種科技生機論(technovitalism)的靈感來自蘭德(Ayn Rand)的自我主義和尼采(Friedrich Nietzsche)的權力意志說。達里形容這組織是「以類固醇推動人類潛能運動」(the human potential movement on steroids)，實在非常貼切。[20]他們的煉金術不求轉鐵成金，但求將身體變成矽、將自覺變成位元——無窮無盡的網際世界。阿們！[21]

那些憧憬在數碼世界中永活不死的人，犯了個典型的錯誤，就是將物質的腦與非物質的思想混為一談。他們將所有思想活動——動機、希望、意願、歡欣、悲歎、關愛——約簡為僅是一排排的肉而已。但是，一如哲學家們長久以來所爭議的，這就是混淆了主觀的意識與客觀的有機體。在我們的身體裏面，雖然腦狀況與思想狀況一起存在，但不能證明腦狀況與思想狀況完全相同、沒有剩餘部分。我心裏想著的粉紅色的大象，在我腦部的灰色神經組織裏面卻沒有任何可以核實的相應意象。就如切斯特頓精警地指出：

> 很明顯，唯物主義者永遠都是神秘主義者。而同樣真確的是，他往往也是個傳授神秘主義的人。他之所謂是個神秘主義者，因為他講的都是神秘的事物，都是不可思議的事物；例如將一些只不過是無須用腦的指令或客觀的事物轉而成為主觀思維而已。[22]

最精密的電腦仍然只是一部計算數據的機器；它不懂得意義是甚麼，也沒有洞察力，更不能吐出甚麼智慧之言。[23]有關意義和真理的洞察力與智慧，統統留給擁有靈魂的人。由於思想與物質之間的這個根本的區別，憧憬著將數碼化的意識傳送進網際空間——不管展望有多認真，或者歌頌得多賣力——也只不過是一場白日夢而已。[24]

從透過電話的通話，到上載意識和拋掉身體，是一段非同小可的旅程，不過每踏上一步，人的身體和全部受造物質，就給納入一個由科技革新造成的新觀景(對進升者和莫拉域來說，或許是新希望)。魯益師(C. S. Lewis)透過一名前途無可限量的大榔頭魔怪(Screwtape)所說的話，預言將會出現一個「唯物主義魔術師」(Materialist Magician)；這個預言似乎在網際空間的夢想中得到實現。大榔頭魔怪歡呼說：「我們的完美作品一旦製成……人就不是使用——而是真正的敬拜——

那個他隱約稱為『力量』的，而同時又否認『靈』的存在，那時戰爭的盡頭就在望了。」[25] 那些由摸不著邊際的電路組成的「力量」，那些將網際太空人 (cybernauts) 帶進數碼式全知與不死之地的「力量」，不管離現實多麼遠，離大榔頭魔怪的夢想卻並非太遠。

聖經對物質世界的觀點

你或許會認為，有關數碼式復活的一些較為極端的揣測，僅是數碼烏托邦主義 (digitopianism) 作祟，大可置之不理。不過，這一類牽強的見解凸顯了側重物質世界的傾向，而反對基督教關於創造、人類和神自己的教導。當人將神從自己的世界觀中挪走之後，這一類揣測——不管是多麼強詞奪理、多麼不合邏輯——就成為人在身體死亡之後仍然能夠存活的惟一盼望。

評論這種新數碼式脫離軀體 (digital disembodiment) 的人，例如達里及司樂卡，都認為與肉體爭戰基本上是基督教對身體抱存敵意所致的。若是如此，網際人 (cyberians) 也只是企圖利用科技達到永恆不死之境，這是一件基督徒留給神去做的事。

司樂卡認為，在數碼世界裏永恆不死及免除軀體羈絆之說，是根源於「一個相當老套的科技基督教 (techno-Christianity)」，它「敵視身體」，渴慕另一個更美的世界。[26] 達里的理論也是同出一轍，認為脫除肉體的強烈欲望——不管是在網際浪人小說還是在科學推論中見到的，乃是源於基督教的魂靈與身體二元論：「承托西方文化的基督教世界觀，在這個厭惡物質的觀念上，鍍了一層強烈的道德反感。」隨後，他又引述勞倫斯 (D. H. Lawrence) 的話，評論基督教——

特別是使徒保羅——是酒色生活的大敵，因為「他相信肉體是腐敗的因由。」[27]

很遺憾地，這些批評誤解了聖經的觀點，聖經給物質宇宙賦予尊嚴。創世記告訴我們，神以話語創造萬物，從無變為有，並且看為是「好的」。[28] 因為基督徒世界觀——與諾斯底主義有別——認為創造並不是一個壞主意，與墮入物質性的事無關。人是神的靈用塵土造成的；[29] 並且，賦予他們生命的是聖靈(不是塵土)，不過他們是屬於大地的，而且被看為是「受造奇妙可畏」的。[30]

罪孽和邪惡之進到世界來，是人否認神當然的權威的後果，與具有軀體或只能在地球上活動無關。雖然人類墮落的後果影響了受造生命的每一方面，但並沒有使受造物變成本來就是邪惡的，或者令它超出了神救贖恩典所能達到的範疇。使徒保羅對「肉體」的指摘，正如希臘原文清楚顯示，並非針對身體而言，卻是指墮落之後全人類的犯罪本性。罪基本上是個屬靈問題，不是身體狀況。[31] 撒但和邪靈(墮落天使)雖然沒有形體，但根本上卻是邪惡的。按照聖經所記載，有形的身體並非道德敗壞之**根源**，意志才是根源。

神在基督裏道成肉身，進一步表明物質世界並不是被排斥之物。使徒約翰寫道：「道成了肉身，住在我們中間。」[32] 神穿上了人的本性，就認同了我們的肉體，以及血肉之軀所處的苦境。保羅——被勞倫斯控訴他攻擊身體——教導說耶穌基督「為女子所生」，[33] 並為著釋放我們的靈而成為擁有人奴僕的樣式，[34] 而且「神本性一切的豐盛都有形有體地居住在基督裏面」。[35] 保羅又向基督徒說：「你們從前與神隔絕，因著惡行，心裏與祂為敵。但如今祂藉著基督的肉身受死，叫你們與自己和好。」[36]耶穌的犧牲、救贖大功既是屬物質的，也是屬靈的。

當然，這不是諾斯底派所能接受的，他們也不能接受聖經的教訓，說耶穌有形有體的從死裏復活，而且他還可進食、觸摸人、與人說話等等。基督教不是諾斯底教派，也不會責難物質或有形的身體，將它當作本來就是邪惡的或不健全的。保羅甚至警告那些厭惡身體和從事假屬靈的苦行生活的人。這些人錯誤地禁止人嫁娶和吃某些食物，「他們禁止的……就是神所造、叫那信而明白真道的人感謝著領受的。凡神所造的物都是好的，若感謝著領受，就沒有一樣可棄的。」[37]

當被救贖的人達到最極致的狀況時，物質領域就臻完全。希伯來人的聖經(即舊約聖經)[38]和新約聖經均有透露：就好像基督以一個已臻完全的有形身體從死裏復活一樣，終有一天，基督徒也會復活，得著永恆的、有軀體的生命，這生命不再朽壞，不再受到罪的污染。永遠脫離軀體的靈魂將會永存不死，只是古希臘文化的概念，而不是希伯來文化的信念。聖經有教導，人的身體從死亡後到復活之間的那段日子裏面，靈魂會暫時與軀體分開；[39]不過，到最後，靈魂還是具有軀體的，不論它是在天堂還是在地獄。基督徒不用急於追求透過科技上的復活使自己達到永恆不朽，因為他們將會帶著身體復活，就像基督的復活一樣確鑿可靠；基督在復活後「用許多的憑據，將自己活活的」顯給人看。[40]祂的復活就是將來信徒復活的典範。[41]

根據聖經的教訓，物質不是逃離之物，而是被救贖之物。如果宇宙不是徹底重建、完全反照神無可比擬的偉大，聖經所記載的神是不會滿意的。[42]因此，基督徒不用成為物質主義者，也能夠欣賞創造的美好恩賜；他們不用貶低物質的一面，也能夠相信靈性的實在。基督既道成了肉身，我們亦毋須為著服事上天而拒絕大地。恪守聖經的基督教教訓顯然不是以現代及高科技為本，來對身體作出攻擊。

尊重身體的存在

際此網際空間離體通訊時代，我們應怎樣尊重人實體的存在呢？網際空間若使用得當，就不用抹殺人在神的創造中的物質性，反而要特別小心照顧它。在使徒約翰於電子通訊發明之前很多年寫成的書信中，我們看到個人與物質的重要。約翰寫信給「蒙揀選的太太和她的兒女」，告誡他們要提防那些迷惑人者，他們不認耶穌是成了肉身而來的。他總結時說：「我還有許多事要寫給你們，卻不願意用紙墨寫出來，但盼望到你們那裏，與你們當面談論，使你們的喜樂滿足。」[43] 約翰寫信給他「親愛的該猶」時，說的話也很相似：「我原有許多事要寫給你，卻不願意用筆墨寫給你，但盼望快快地見你，我們就當面談論。」[44]

這些書信的結語都不是巧合的。面對面、人與人之間的接觸，是有其親密和應有責任的一面，也是其他方式都欠缺的。約翰述說他與耶穌的交往時，對這種人情味津津樂道：「論到從起初原有的生命之道，就是我們所聽見、所看見、親眼看過、親手摸過的。」[45] 雅各、彼得和約翰向保羅「用右手行相交之禮」，[46] 是有充分理由的；保羅和彼得鼓勵信徒「彼此親嘴問安」；[47] 而新約聖經也一再提到，在祈求醫治和委任事工的時候，都慣用「按手之禮」。[48]

雖然海姆不贊成基督教的世界觀，但是他的評論卻是一矢中的：

> 今天的電腦通訊，將實質的面貌從通訊過程中割除。電腦將心靈的窗戶隨意丟到顯示器、耳筒、數據衣(datasuits)的後面。……那個有生命但不能以影象表現的面孔，是責任心的基本源頭，是私人身體之間直接而溫暖的連繫。如果沒有親身與別人直接見面，我們的道德標準便會凋零。面對面的交流、人與人之間身體接觸所產生的感情，支承著一種長遠的溫情與忠誠、一種責任感，是那些以電腦作中介來傳遞信息的羣體仍未試驗過的。[49]

缺乏物質上的聯繫，是被指作解釋網上「焚焰」(flaming)現象。「焚焰」是惡毒的侮辱，可以藉電子郵件傳送，也可以在交談室和資料庫中張貼，更可以在 MOO 或 MUD 發表，我自己也受過教訓。我在一個基督徒布告欄上張貼了一個信息，為教會的男女平等主義觀辯護。[50](我或許是自找麻煩吧！)即時就有人對我狂攻猛打，他既不肯透露自己離線時的身分，又肆無忌憚地再三抨擊我靈性上和知識上的誠信，即使在請他停止寄出信息，他仍然繼續如此。我不能想像若這個神祕人物親身或甚至通過電話時，會是怎樣子樂此不疲。

此外，電子郵件傳遞之迅速和直接，似乎是慫恿一種甚至在書信中也不易見到的情緒發泄和膚淺；因為寫信的每一個階段——將信寫在紙上、簽名、摺好信紙、放進信封裏、貼好信封、拿到郵筒——實在需要許多的身體力行。這讓寫信的人有更多的時間和身體接觸，容許他在未寄出信件之前，思考一下(一如字面所指)「近在手邊」與「執在手中」的事情。收信的人也相應地有一種網際空間所不認識的身體方面的參與；她拿著那封信，解開信封，一面讀一面觸摸著信紙，然後不是保留下來就是隨手丟掉，或許她甚至會寄回一封灑上香水的信。

傳統郵件在身體和人性方面還有其他的優點。傳統郵件容許人犯一些錯誤或些微的誤差，因為人還可以看得明那地址。但是由電腦作中介的網際空間通信，就不容許那些模稜兩可或模糊不清，因為電腦不會辨別人的意思。電子郵件的郵址必須字字正確無誤，才有機會到達預期的目的地。真是差之毫厘，謬之千里！

再者，網際郵件可以用郵局從未想像過的方式帶來反效果。有一天，我收到數十封電子郵件，但沒有一封是寫給我的。第二天情況就更加惡劣。我寄過電子郵件去的一家基督教機構正試圖使用一個程式，按郵寄名單自動寄發電子郵件。但是那程式安裝出了錯，竟把原本寄給該機構的郵件全部寄到它郵寄名單上每一戶去！我不但收到原意是寄給該機構的信息，也收到另外一些人的信息，是投訴收到原是寄去該機構的郵件的信息，我甚至收到自己寫去投訴的信息！經過幾天這樣的極度反復循環的錯誤之後，才收到該機構一封非常尷尬的信，説程式已經矯正，電子郵件大崩塌也已截停。斷沒想到有一封透過「蝸牛式郵遞」(snail mail) 的信件，會衍生如斯巨大的枝節。蝸牛是慢了一點，但是安全得多。[51]

我們思考到電子郵件、布告欄等等的種種長短之餘，也應仿傚站在耶和華面前求智慧的那位年輕的所羅門。這是我們當前一件要做的事，也是最重要的事，而且絕無例外的。[52]我們要效法所羅門，拒受權勢、地位、財富引誘，並探索神的心思意念，看看這個誘人的媒體將會怎樣塑造我們、我們的家庭、我們的教會、我們的國家、我們的世界。這一項挑戰，將會在本書餘下的篇幅裏，不時提出來討論。

註釋：

1. 有關天使現象之簡要綜述，參Douglas Groothuis, *Jesus in an Age of Controversy* (Eugene, OR: Harvest House, 1996), 288～90。
2. Albert Borgman, *Crossing the Postmodern Divide* (Chicago: University of Chicago Press, 1992), 105.
3. 同上。
4. Dan Pacheco, "Health on the Net: A Place to Flee From Phobias," *Denver Post*, 6 December 1994, 2E.
5. 同上。
6. William Irwin Thompson, *The American Replacement of Nature: The Everyday Acts and Outrageous Evolution of Economic Life* (New York: Doubleday, 1991). 湯普生是個泛神論者。
7. 同上，頁17～79。亦參Jacques Ellul, *The Technological Bluff* (Grand Rapids, MI: Eerdmans, 1990), 381～82.
8. 引述自Kevin Kelly, *Out of Control: The New Biology of Machines, Social Systems, and the Economic World* (Reading, MA: Addison-Wesley, 1994), 349～350引述。
9. 有關這方面的討論，參 J. P. Moreland, ed. *The Design Hypothesis: Scientific Evidence for Intelligent Design* (Downers Grove, IL: InterVarsity Press, 1994)。
10. 與路十八27作比較；另參羅九20。
11. 引述自Mark Dery, *Escape Velocity: Cyberculture at the End of the Century* (New York: Grove Press, 1996), 260。
12. William Gibson, *Neuromancer* (New York: Ace Books, 1984), 6；在 Michael Heim, *The Metaphysics of Virtual Reality* (New York: Oxford University Press, 1994), 102引述。
13. Hans Moravec, *Mind Children: The Future of Robot and Human Intelligence* (Cambridge: Harvard University Press, 1988), 6.
14. 參Theodore Roszak, *The Cult of Information: A Neo-Luddite Treatise on High-Tech, Artificial Intelligence, and the True Art of Thinking*, revised edition (Berkeley, CA: University of California Press, 1994), xii。
15. Moravec, 110.
16. 同上，頁112。
17. 同上，頁114。
18. 同上，頁302。
19. David Ross, "Persons, Programs, and Uploading Consciousness," *Extropy*

4, no. 1(9), 14；在Dery, 301引述。

20. Dery, 302.

21. 有關從基督徒立場對進升者的評論，參Brian Godawa, "Extropianism: Techno-Anarchy for a Brave New World," *SCP Journal*, 19:4-20:1 (1995), 36～45。

22. G. K. Chesterton, *Generally Speaking* (New York: Dodd, Mead and Co., 1929), 14；在*The Quotable Chesterton: A Topical Compilation of the Wit, wisdom and Satire of G. K. Chesterton*, eds. George J. Marlin, Richard P. Rabatin, and John L. Swan (Garden City: New York, 1987), 213引述。

23. 筆者將在第五章就此作深入討論。

24. 關於哲學上心靈與身體的經典問題，還有很多話可以說。參J. P. Moreland, Scaling the Secular City (Grand Rapids, MI: Baker Books, 1987) 裏的"The Argument From Mind"一章之中肯概覽。在*The Cult of Information: A Neo-Luddite Treasure on High-Tech, Artificial Intelligence, and the True Art of Thinking*, second edition (Berkeley, CA: University of California Press, 1994)，羅斯扎克(Theodore Roszak)也反對將人腦縮小到電腦的地步，或將電腦看為擁有真正的智能。不過，羅斯扎克的世界觀是泛神主義的世界觀。

25. C. S. Lewis, *The Screwtape Letters* (New York: Macmillan, 1982), 33.

26. Mark, Slouka, *War of The Worlds: Cyberspace and the High-Tech Assault on Reality* (New York: Basic Books, 1995), 20.

27. Jeffrey Meyers, *D. H. Lawrence* (New York: Alfred A. Knopf, 1993), 363；在Dery, 236引述。

28. 創一章；約一1～4。

29. 創二7。

30. 詩一三九14。

31. 參羅一～三章。

32. 約一14。

33. 加四4。

34. 腓二6～11。

35. 西二9。

36. 西一21～22。

37. 提前四3～4；另參西二20～23。

38. 參但十二1～2。

39. 參腓一21～24；林後五1～10；帖前四13～18。

40. 徒一3。

41. 林前十五20～23。有關基督復活的歷史論據，參 Douglas Groothuis, *Jesus in an Age of Controversy* (Eugene, OR: Harvest House, 1996), 272～82。

42. 參羅八19～21；啟二十一章。

43. 約貳12節。

44. 約叁13～14節。

45. 約壹一1。

46. 加二9。

47. 羅十六16；另參彼前五14。

48. 徒二十八8；提後一6。

49. Heim, 102.

50. 有關福音派平等主義觀的解釋，參Rebecca Merrill Groothuis, *Women Caught in the Conflict: The Culture War Between Traditionalism and Feminism* (Grand Rapids, MI: Baker Books, 1994) 及Rebecca Merrill Groothuis, *Good News for Women: A Biblical Picture of Gender Equality* (Grand Rapids, MI: Baker Books, 1997)。

51. 有關傳統郵遞比電子郵件優勝的有趣討論，參Clifford Stoll, Silicon Snake *Oil: Second Thoughts on the Information Highway* (New York: Doubleday, 1995), 160～166。

52. 王上三1～15。

第三章

書籍、熒幕與心靈

我們這一代，迷戀並沉溺於資訊，貪得無厭地渴求愈來愈多劑量的資訊。網際空間——尤其是互聯網——所應允的，是為這一代人引進那個飽受吹噓的資訊時代。更多人將會能夠更容易、更頻密地取得更多的資訊。於是資料可以用極高的速度運送——因此衍生了「蝸牛式郵遞」(snail mail)一詞用來指郵遞服務，那是與電子郵件相對而言。熒幕成了心靈的窗戶，所暴露的場景盡是以前取不到或難以得到的資訊。我們要做的，只是點選、點擊、擷取。只須在鍵盤上按數次，就連接上數以千計的資料庫、網頁及其他源源不絕的資訊。不在線上的人就是消息不靈通的人，他們有時被稱為PONAs (People Of No Account)，即沒有帳號的人。

無知與知識

在墮落了的世界裏面，無知每每是一個障礙。在個別事件之中，如果缺乏知識便是主要的障礙，能發放相關的資訊便會叫人喜出望外。大地自從受了詛咒之後，一直都是匱乏之地，[1] 而知識是個永遠供不應求的資源，就好像糧食、清水、有報酬的工作、才智與房屋等資源一樣。無知可能是指死亡，而知識或許能救回生命。

北京大學一名化學系學生朱令(Zhu Ling)，離奇地陷入了昏迷，整整一個月過去了，醫生還不能確定病因。她的一個朋友是少數能使用互聯網的學生之一；於1995年4月10日，她向數個醫療新聞羣組發放了以下的緊急求救信息：

> 這裏是中國的北京大學，自由與民主夢想之地。然而，有個年輕的二十一歲學生得了重病，瀕臨死亡。該病非常罕見，北京最優秀的醫院的醫生雖然已經盡了全力，但是仍然醫不好她，很多醫生甚至不曉得她患的是甚麼病。因此我們現在向全世界呼求——有人可以幫助我們嗎？[2]

她的病徵透過互聯網發放出去之後，美國醫生們很快就提出一個診斷。她是中了鉈(Thallium，金屬的一種)毒。起初，中國方面的醫生不太願意認真考慮這份資料，不過最終也照著電子郵件傳來的指示去做，並看著該年輕女子的病情漸有起色。假如沒有互聯網，北京的醫生可能不會得出一個有效的治療方案。有關方面特地為朱令設計了一個網頁，提供詳細的醫療資料(包括她腦部磁共振素描〔MRI〕及胸肺X光片！)和她的最新情況。直至治療展開後的第十五個月，雖仍未完全得到改善，但對醫生、研究員及業外人士而言，利用電腦科技作醫學診斷和治療，潛力極大。[3]

隨著通訊媒體的發展，知識變得更普遍更易取，某些事情不再是那麼罕有，而結果往往影響深遠——不管是在醫療、政治、靈性或其他方面。極權主義體制的統治者，為著維護自己的權力，只會容許少量知識流通，並限制民間散布資訊的機會。在前蘇聯境內，影印機和所有其他資訊科技均受政府嚴格控制。蘇聯的瓦解很大程度上是隨著這些政策的自由化而起，某些消息一旦被傳開，被重重圍困的帝權政府就應聲倒下。

電腦科技提供了極大的潛能，讓人可以和一些用其他方法不能迅速輕易接觸得到的人通訊。舉例說，我經常寫電子郵件給住在巴西的朋友。我們彼此在信仰上互勉、交換代禱事項、互報事工最新消息。像貝克(Jason Baker)的《基督徒網際空間良伴》(*The Christian Cyberspace Companion*)一類書籍，便是很好的入門指南，能幫助我們在基督教事工上使用網際空間時，了解和駕馭一些有時只有內行人才懂的運作方式。[4]

此外，互聯網讓人更容易取得重要資源。我為這本書搜集資料時，下載了有關網際空間的數十篇文章和線上訪問。我也有一個談護教學的專欄張貼在互聯網上。藉此，我曾與數位人士交流，就基督教信仰一些重要問題交換意見。我們有電子郵件來往，我也曾利用郵遞服務，寄出一些資料和演講錄音帶去鼓勵他們，我為這些用途而感恩。

知覺能力、鑒别能力與心靈

然而正如以祿曾經警告我們，人們在科技新發明初期所表現的過度熱衷，很多時掩蓋了只有後來才會發覺的毛病，但是等到那時才作出重大修改，往往已經太遲。正面的影響通常都是即時可見，否則那項技術也不會有市場，但經過一段時間，不良的影響就會隱隱約約地浮現，這在大型行銷計劃中，影響每每都被忽視或否認。此外，開始時這些不良的影響也會看似與新技術無關。起初又有誰會想到，電視會產生「沙發馬鈴薯」(即終日泡在電視機前的人)呢?又有誰會曉得,工業化能永遠地改變家庭生活呢?[5]

我們應立志做個聰明的懷疑論者,要意識到在一個墮落的世界裏,凡事都有其毛病,[6]事情很少會像起初看起來那麼美好,而且通天曉者(knowers)都是有限和墮落了的人,所以永遠不能夠準確地預測新生活模式所帶來種種的影響。正如箴言囑咐我們:「有一條路,人以為正,至終成為死亡之路。」[7]三思及請教別人是智慧之道:「先訴情由的,似乎有理;但鄰舍來到,就察出實情。」[8]

當資訊在網際空間傳播時,媒體就塑造那個信息、那個報信的和那個收信的,它塑造整個文化。要了解這個塑造功能,我們就要將信息的命題意義與它的知覺能力的狀態(即其自覺環境)區分。[9]命題意義關係到信息或宣言中對事實的堅持,不管用的是甚麼媒體。比方說,確認「耶穌是主」這句話,可以在教會聚會中大聲說出、寫在信中、在聖經裏找到、在大型廣告牌上繪畫出來、在電台直播中說出來、寫在電子郵件中寄給一個信徒,或者張貼在巴哈派教徒(Baha's)線上報告欄的一篇護教辯論文章裏面。在每一個情況裏面,該宣言都是客觀地指著同一件事。然而,知覺能力狀態在每個情況都不相同,而且影響信息會如何被理解。這些狀態會影響我們的心靈——將書籍和熒幕作一比較便可見一斑。

書籍的性質本身會塑造我們的心靈。文學評論家伯克斯(Sven Birkerts)恐怕書籍的文化力量正在逐漸流失,他遂說明書籍的獨特價值:

> 印刷的書籍的層次是直線的,受語法規則的邏輯所約束。語法是談話的本質,所繪畫出來的思想方式可藉著

> 語言變得有意義。若要藉著印刷品交流，就需要讀者主動集中注意力，因為閱讀基本上是一種翻譯，那些象徵符號給轉成為所指的口述概念，繼而再被詮釋。……印刷品也安置了一個時間軸；翻閱書頁——更不必說垂直式的由上而下閱讀每一頁——是一連串的往前移動，於每一點，先前一頁的內容都為後一頁作基礎。此外，印刷品是靜態的——向前移動的是讀者，不是書籍。印刷品實質上的排列與傳統的歷史感相符。材料是層疊的，既可讀完又讀，又可保持注意力。閱讀速度可以變更，進度則由讀者的集中力和理解力決定。[10]

伯克斯將書籍的本質和閱讀行為聯繫起來，兩者共同構成了知覺能力的狀態。小說家格斯(William H. Gass)在一篇題為〈書籍作為盛載意識的器皿〉("The Book as a Container of Consciousness")的文章裏，解釋書籍的物質性如何影響我們去接受它的信息：

> 字體大小、紙質、書本的重量、插圖及插圖擺放的位置、卷冊的新舊版、磨損迹象、先前物主及所劃上的記號、實需費用等等，對讀者實在毫無影響，亦不會改變讀者對文本的體驗。這說法好比假設……從雪糕筒、匙子、碟子或以髒指頭舔吃雪糕都全無分別，是一樣的荒謬。[11]

這些知覺能力狀態再轉而產生鑒別力，是我們一般都視作理所當然的感知和理性習慣。伯克斯理解鑒別力(他用的是單數名詞)是「氣質的一種提煉或培養，是內心世界那個不是賜予，而是塑造而成的部分：一個決定性的——儘管是有點模糊的——綜合體，由態度、偏愛及磨練過的反應集合而成的。」[12] 我們的鑒別力涵蓋了我們**怎樣**思想，也包括我們想些**甚麼**，兩者程度都是一樣的。鑒別力把我們的注意力吸引到某些事物上面，同時亦帶我們離開某些事物。

在我們這個資訊爆棚的世界裏，對感官的管理就是非同小可了。[13] 我們的感知和理性能耐有其局限，我們沒可能處理得到不斷擴大的資訊量。所以，我們的鑒別力就成為我們的過濾器和嚮導；鑒別力是心靈的剪輯者，指引我們向善或者向惡。正如魏爾 (Simone Weil) 所說：「如果我們將心思轉向美善的事，心靈整體就滲透性地被美善吸引過去，儘管心靈是否有意這樣做。」[14] 希伯來書作者進一步加以詳細說明這些。他稱讚那些思想成熟的人，因為他們的「心竅習練得通達，就能分辨好歹了」，不似得那些分辨能力只及嬰孩的人。[15] 耶穌也強調培養合宜的鑒別力是重要的，祂宣告說：「眼睛就是身上的燈。你的眼睛若瞭亮，全身就光明；你的眼睛若昏花，全身就黑暗。」[16] 瞭亮的眼睛看到真理及燃亮心靈。相反地，眼睛若是昏花，人便停留在黑暗之中。

記錄的文字與轉瞬即逝的文字相比

蒲思曼認為，書籍一直以前所未有的方式塑造了美國文化。美國人於十八及十九世紀對文學的崇拜，衍生了蒲思曼所說的「印刷頭腦」(typographic mind)。這種頭腦追求邏輯上的連貫和智慧深度，它不容忍膚淺，卻願意為了尋得真理而忍受冗長而複雜的辯論。蒲思曼說：

> 差不多所有我們認為跟成熟的論述有關的特徵，都由

印刷術發揚光大。印刷術最適合發揮闡述功能：一種精湛的思考能力，可以用概念、推論、順序而上的方式去思想；一種對理智和秩序的高度評價；一種對自相矛盾的說法的嫌惡；一種極大的持平與客觀的能耐，以及一種對延緩反應的寬容。[17]

在我們這個粗野、理性耐力不足的時代，成熟的論述顯得十分罕見。正如蒲思曼等人所提出，這很大程度要歸咎於電視。

當一個文化最具顯性和基準性的表達方式，從印刷轉移到以影象為本的媒體時，真義、情理及證據等概念，也出現了徹底的轉變。梅魯域斯(Joshua Meyrowitz)是新罕布什爾州大學(University of New Hampshire)傳播學教授，他談到自己的學生時，說：「他們傾向於抱存一種以影象為本的真理標準。如果我問『有甚麼證據支持或否定你的觀點？』他們會瞪著我，好像我是來自另一個星球一樣。為何如此？因為於他們來說，要根據真義、邏輯、連貫性及證據來思想，實屬匪夷所思的事。」[18]類似這種對真義的觀念和對邏輯、證據及連貫性的理想之侵蝕，會不會在網際空間延續下去呢？

透過電腦接收資訊並不等同於從書籍接收資訊，儘管兩者都涉及文字。然而，很多人對於這個知覺能力狀態轉變的重要性，亦不以為意。比方說，報章專欄作家克拉哈馬(Charles Krauthammer)曾經寫過：「儘管文字不會被錄象打倒，不過紙張將逃不過被電腦取代。在世紀交替期間，文字將會永遠離棄紙張，卜居線上。」不過克拉哈馬並不擔心，因為「泥版讓了位給蒲草紙，羊皮卷軸讓了位給有裝幀的書籍，用鮮明圖案裝飾的手稿讓了位給古騰堡(Gutenberg)活字印刷品。」[19]

克拉哈馬的言論忽略了物件（蒲草紙、羊皮卷軸、有裝幀的書籍、用鮮明圖案裝飾的手稿、古騰堡活字印刷品）上的刻印與熒幕上的虛幻光影之間的分別。熒幕含有隨意（又或時而違反不知所措的使用者的意願）出沒的字句。任何一台熒幕都可以容納無數字句，因為那些字不是刻印在熒幕的表層上的；它們可以在顯示器上出現，也可以輕易被刪除。有個拙劣的笑話凸顯了兩者的分別：一名笨祕書用白色塗改液塗改熒幕上的錯字。打在熒幕上的字不是寫在一件獨立的、可刻印的物體上，因此無須塗改液去刪除或修改。它們轉瞬即逝、極其短暫，它欠缺堅實的根基與穩定性。

在物件表層寫字，不論是用手寫還是印刷，令該物添上一種重量和身分。小說家厄普代克（John Updike）說：「墨水沾在紙上的感覺具有一些意思，在某種意義上它是一件東西、一個**現象**，而不是個**附帶現象**。」[20] 他這一番話正好道出了正確的哲學範疇。即是說，書本的信息實質上是以現象的形式嵌進了書裏面。書籍簡直是染滿了意思，差不多是擦不掉的，它可以獨自存在。可是，熒幕多變的內容卻是一個附帶現象，因為它要靠賴電源，而且完全可以擦掉，就好像影子在主體與光以外是不能獨立自存一樣。熒幕的內容不可以獨自存在，停電就足以把它註銷或完全清除，而軟件壞了也可以將材料鎖於矽的肺腑深處。

帶著重量的字句

耶和華帶祂的百姓出埃及之後，向他們說出自己的道德意旨，把十誡寫在兩塊石版上，由摩西親自送到百姓面前。法版「是兩面寫的，這面那面都有字，是神的工作，字是神寫的，刻在版上。」[21] 憑著這項神聖的行動，創造主授予文字永遠的威嚴。即使在摩西因以色列民拜金牛犢而摔碎法版，神仍然吩咐摩西重新再造兩塊石版，好將立約的律法再寫出來。[22] 即使摩西將所聽到神的宣告再說一遍，仍是不足夠的；若然把神的話一字一句的刻錄在石上，就凸顯了那些字句是永恆性、是不會朽壞的。同樣地，在啟示錄裏面，約翰看到改變了形象、已升到天上的基督之後，便得到囑咐：「所以你要把所看見的，和現在的事，並將來必成的事，都寫出來。」[23]

基督徒和猶太人都是「書卷人」(people of the book)，因為他們相信神以文字將真理啟示給不同的聖經作者，那些文字都應該保存、了解、遵從。歷世歷代以來，聖經的書卷一直都被人一絲不苟地謄寫、再謄寫，並加以保存，供信眾使用。值得注意的是，當福音使者進到一個單有言語而沒有文字的文化時，他們總會用心設計一種文字，讓聖經可以藉著這些民族的語言寫成，成為他們珍愛之物。如果聖經還沒有用某一個文化的文字翻譯出來，宣教士便會立即展開工作，為這些民族提供聖經的文字版本。顯然，真理實實在在地寫了出來，是神向人類啟示非常重要的一環。

在所有書籍裏面，人都實實在在的感受到文字赤裸裸的物質性。書評家奈斯 (Erik Ness) 說：「部分讀者所喜愛的，正正是書籍有形的本質——意見的編織、字句的變化、用皮革包裝的一串紙張。沒有一台電腦熒幕能製造出相等的深心樂趣。熒幕的眩光、鍵盤的敲打聲、硬盤嗡嗡的響聲，都不能與書本那迷人的重量匹敵。」[24] 相比之下，熒幕上的文字——不管是寫的還是讀的，效果都足以貶低語文本身的深度和重量。因為我不用翻書頁，只須捲動資料，所以我會失去書籍和其他印刷品所強化了的直線感。

此外，熒幕所牽涉到的實質經驗要比書籍少。我無須用指頭翻頁就可以輕易遊走於電子文本之中。我可以「召喚」一個畫面，顯示先前的作業及下載了的資料，不過熒幕上的文字卻沒有印下物質世界的痕迹或人情味，它不會有破損的紙張，不會見到畫線眉批，不會嗅到特殊氣味。熒幕乾乾淨淨的，也總是千篇一律，它沒有過去，也沒有甚麼個性。它可以是文字和影象的容器，但是不受它們刻印。沒有電源，它只是一件空白一片、廢了的導管——而且頗為難看。

在熒幕上寫字，與在紙上寫作相比，又會助長一分草率——那是拜操作容易所致。伯克斯觀察到，若是要將文字寫到紙上去的話，

> 〔撰寫人〕的神經推動與書寫之間那條通道就給弄得更為崎嶇，因為他深知寫錯了字就得回頭做更多的工夫。撰寫人下筆之前，多會試聽一下語法是否恰當，先在心裏增刪修改。基本上是務求寫出正確的、不可收回的言詞。[25]

相比之下，文書處理容許人即時表達，不受直線性局限(我可以在文件任何一處進行編寫)，而可作輕易修改，也少有痛苦。海姆表示「近在指邊的能力誘使你相信愈快愈好、容易就等如即時可得。」[26]

雖然有些人相信，書寫容易、資料流通，就能帶來文學復興，但是司徒爾(Clifford Stoll)——一位在線上瀏覽了無數小時的互聯網資深開拓者——卻不以為然。

> 帶來的不是互聯網激發的文藝復興，而是平庸的寫作及

> 思考拙劣的論據，源源滾進我的數據機來。電子郵件和張貼在網絡新聞羣組的信息，往往都是全無文法、錯字連篇、結構鬆散。我在使用者網路(Usenet)上下蹓躂一輪之後，從alt.best-of-usenet到zer.z-netz.telecom.modem，絕少找到一篇文章是言論清晰而又有新意的。[27]

筆者在線上的經驗沒有司徒爾那麼廣，但是觀念上卻與他頗為一致；那個以為網際空間將會產生文學復興的想法，他稱之為「線上世界其中一個毒害較大的神話。」[28]

無壁圖書館

歷史感將人連合起來，賦予意義、安定和身分。然而，網際空間卻有很多看來是無根的人，與過去的事脱勾。羅澤克(Theodore Rozsak)準確道出那些人的心理狀態：

> 電腦癡們全情投入於一種似乎總是向著更多驚人突破前進的動態科技；我有時懷疑他們都存在於一種後歷史地獄邊緣。或許這是網際空間最具魅力的特色：它沒有過去，只有未來。它沒有給人強加任何責任或義務，只有光明的前路和快樂的消遣。[29]

有見於此，難怪蓋茨為宣傳萬眾期待的資訊高速公路而寫的那本暢銷作品，取名《前路》(*The Road Ahead*)。對蓋茨和不少人來説，歷史是在個人電腦誕生之日啟動的，而最好的日子(尤其是對微軟而言)還未來到。

網際空間對歷史記憶還會造成另一種危害——數碼文件會荒廢和變得陳舊過時。矽與電的合成雖有很多令人為之驚訝的好處，但也有危機四伏的損害。雖然電腦被讚許為資訊偉大的儲藏與分發器，但是諷刺地，它們遠遠不及你手上和眼前這本書那麼耐用可靠。在證明這一點之前，我們要看看數碼烏托邦的景象。

戈爾(Albert Gore)〔譯按：前美國副總統〕是資訊高速公路的頭號擁躉。他夢想有一天，學童與所有人都能隨時接通整個國會圖書館，瀏覽最近已經數碼化的藏書，要甚麼便下載甚麼。[30] 有些人更說傳統圖書館已屆末日，因為所需要的都可以在線上取得。如果我想要一本圖書館已經借出了的書，我便要等，因為一件物品不可能同時在兩個地方出現。資料則不然，人人都可以在同一時間下載一份文件，只要我們都有合適的硬件、軟件和技術知識的話，而一本書的實體也不用看得見。我們也可以藉著超文本(hypertext)功能自訂文件(如下一章所討論)。

三十多年前，電腦企業家兼超文本技術發明者奈爾信(Ted Nelson)構想了一個淘汰書籍大計，名為「仙那度」(Xanadu)〔譯按：Xanadu由奈爾信提出的一套全球性超文字系統〕被想像成一個「巨型英國文學全集資料庫」[31]，為消費者提供「資訊快餐，像麥當勞供應漢堡包般供應資料。」[32] 由於版權問題和計劃本身所需費用，以及時間均十分高昂，仙那度恐怕永遠也不能如願以償。《有線》雜誌形容仙那度是「電腦歷史上最長壽的汽件(vaporware)計劃——是一套三十年的長篇故事，充滿著激進的原型構想和砍心的絕望。」[33] 雖然網際吹噓常常都被碎在現實生活的巖石上，但是很多人仍然渴望文件得以數碼化，變得更易獲取及更可塑造。

書籍雖然在某些網際空間圈子中深受中傷，卻有一個很大的優點，勝過所有無壁圖書館和無頁知識的願景。書籍不需要電源而且屬低科技，所需要的是最低限度的人手擷取技巧——找張舒適的椅子、打開書本、翻頁、閱讀。此外，一本書還可以保存數百年之久。我認識一個人，他買了一冊哲學家休謨（David Hume）於十八世紀出版的大作。封面仍然完好無缺，字體清晰，文字易讀。此外，《美國科學》雜誌有篇文章談到保存數碼文件的難處，文中有一幅插圖，是莎士比亞的〈十四行詩之十八〉（"Sonnet 18"）的初版印刷本（1609年），保存得非常好，仍然清晰可讀。[34] 最尾一對句子說到文件的保存：

只要人仍能呼吸或眼仍能看見，

這就能存活下去，而且這予爾生命。[35]

數碼文件未必能留存這麼久，正是因為它們都屬科技「先進」之物。該篇文章發出了預警，指出這些「文件遠較紙張容易損壞，使我們整個年代的紀錄處於險境。」[36] 有多少資料將會從數碼記憶之洞沖走呢？

儲存在電腦裏的資料，必須翻譯成人的語言方能明白。要從機器中把資料撬出來，尤其是年事漸邁的機器，可不簡單。雖然書籍的基本結構——書頁、釘裝、封面——數百年沒變，但是要來儲存和擷取數碼資料的程式和機器卻以使人目眩的速度轉變。舉個例子，我在1983年買了一部佳普（KayPro）牌子的電腦，內子和我分別用那部電腦寫過兩本書。如今出產這牌子電腦的公司已結業多時，部分原因是其作業系統CP/M 沒能成為業界標準系統。以數碼形式儲存我們兩本書的磁碟現在基本上已經作廢，因為較新的電腦不能讀取CP/M 系統的資料。有轉譯程式可供使用，但程序有漏洞，而且耗時。

然而因為我們寫在舊電腦的材料已經轉譯成文字，而且付印成書，所以既能隨時取閱，也持久耐用。即使書籍已經絕版，但仍能繼續存留，因為有圖書館、二手書店、影印機。

或許會有人辯說，電腦作業系統和其他程式如今已經標準化，而且技術也與時並進，所以擷取資料的問題將會減少。這不一定是對的，原因有幾個。首先，今天的標準化文件，明天或已讀取不到。司徒爾指出，雖然唯讀光碟(CD-ROM)壽命長，但是很快就會不能讀取，因為技術改變快速。[37] 試試今天播放一張78轉唱片或者8-磁道錄音帶；它的錄音也許完美，不過它們的價值好比鎖在無人能破開的保險箱裏面的黃金一般，因為要來開啟箇中寶藏的儀器已經不再生產。

其次，即使有機器可以讀取數碼資料，但與印刷文件的壽命相比，素材本身就衰變得很快。電腦科學家羅登堡(Jeff Rothenberg)指出：「大部分數碼媒體內容給蒸發掉的時間，遠比寫在高質紙張上的字句快得多。」[38] 雖然他提出了一些技術意見，教人怎樣保護位元不至衰變，以及怎樣確保可以用較新的技術擷取，不過對於前景，他並不完全樂觀。

雖然數次僥倖避過了失誤，但已令資料管理員嚇破了膽。美國於1960年做的人口普查資料，今天已經差不多完全不能讀取，因為儲存資料的磁帶過時得比預期的早。來自衞生及人民服務部(Department of Health and Human Services)的磁帶，以及防止濫用大麻及藥物國家委員會(National Commission on Marijuana and Drug Abuse)和另外一些政府部門的檔案，都處於險境。[39] 美國太空總處(NASA)擁有二萬卷載著太空探險資料的7-磁道帶，只能用已經過時的7-磁道帶機去讀取資料。該磁帶機在1992年損壞時，太空總處只能找到另外一部碩果僅存的磁帶機應急。[40]

若要確保妥當地儲存資料的工具能夠追上時代，所需要的時間、技巧、費用就非常龐大。蘋果電腦的諾曼（Don Norman）提議我們可能需要開發一個全新的研究領域「網際考古學」（cyber-archaeology）。[41] 雖然藥物和許多加工處理食品都附帶有效日期，並清楚在包裝上注明，但是在數碼儲存資料上，這建議卻棘手得多。奈爾信本人是電腦業先鋒，他承認「所謂資訊時代其實是個失資訊時代。」[42]

小說家吉布森於1992年把自傳〈阿格里帕〉（"Agrippa"）寫在電腦磁碟上，也許那時他已經感受到這種資料會朝生暮死的事。該自傳全都注入了程式，但只發行了三十五份，它邊播放邊被抹寫。不過卻有一個盜用版本給登上了互聯網。[43] 另一個「失資訊」案例與一部可能是第一本超文本小說有關：史域格（Rob Swigart）於1986年出版的《門》（*Portal*），是特別為當日的電腦而設計的，但新型號電腦很快就取代舊型號，以至它幾乎完全無法被讀取。[44] 數碼化字句是不會永存的。[45]

無疑，數碼烏托邦信徒（digitopians）會堅稱數碼永存不滅是指日可待；不過，若是與我們的歷史紀錄存滅攸關的話，這張期票的風險也實在太大了。倘若凡事都數碼化，那麼凡事都會暴露於新的、不能預測的風險之下。此外，正如上文提過，熒幕上的字句所含的鑒別力，與書頁上的字句所有的不一樣。司徒爾反對那些急於將凡事都要數碼化的人的「隱蔽主張」，他認為「取出資訊，更改格式，之後仍然可以得回同一樣東西這說法，放諸資料還可以，放諸資訊則不然。」[46]

有壁圖書館是儲存檔案的最主要公共機構，它置有書籍和其他印刷品，又有桌椅，並擠滿了人，他們看書、彼此交談、參與集體記憶。雖然書籍只能靜態地放在一處，也缺少電子魅力，它們卻仍是活物，能把我們連於一個更廣大的心靈羣體，就如彌爾頓 (John Milton) 所深知的一樣。

> 因為書籍絕非死物而已，它們內含生命力。撰寫它們的人心靈有多活躍，它們也有多活躍。還有，它們有若小瓶，將最純淨的效力與精華保存起來，這些精華來自那位培育它們的活生生的才智。[47]

無壁圖書館，若是成了事，將會是一些無書的圖書館，迹近無味無營養的糧食。牆壁招聚了為特定目標而來的羣體；牆壁將種種相關的範疇歸集一起，為重要的人類交往提供 (實在的) 空間。在圖書卡片目錄櫃 (假設你的圖書館仍有此設備) [48] 前、雜誌架旁、大書架邊的友善閒聊，或會收拋磚引玉之效，又或甚至會引出一段一生之久的友誼。

因為網際空間沒有牆壁，所以予人幻覺，以為可能性差不多是無限的。儘管如此，有限的人仍然需要有限的、找得著的可能性；我們需要牆壁，如同需要門一般。不管心靈被資訊填得多麼飽滿，一旦斷絕了它的歷史感和文化承傳意識，它就會枯竭。儘管網際空間出現了大量新事物，速度和能力都驚人，它可能不是很多人所想的那麼耐用和宜人。就在網際空間加強資料的聯繫的同時，它誘惑我們的靈魂，到最後它更會出賣我們的靈魂。

註釋：

1. 參創三章。
2. Malcolm McConnell, "Rescue on the Internet," *Reader's Digest,* August 1996, 42. 該名女子的資料見於下列網址：http://www.radsci.ucla.edu/telemed/zhuling。
3. 我們在結語中會就這個問題略作討論。提供這方面醫療資料的網址有Medline: http://www.healthgate.com。
4. Jason Baker, *The Christian Cyberspace Companion* (Grand Rapids, MI: Baker Books, 1995).
5. 參Jacques Ellul, *The Technological Bluff* (Grand Rapids, MI: Eerdmans, 1990), 73～76。
6. 羅八20～22。
7. 箴十四12。
8. 箴十八17。
9. 此詞衍生自伯克斯參與〈我們在線上做甚麼？〉("What are we doing online?") 的討論時 (*Harpers*, August 1995, 39)，用過的「知覺能力競技場」(arena of sentience) 一詞。
10. Sven Birkerts, *The Gutenberg Elegies* (Boston: Faber and Faber, 1994), 122.
11. William H. Gass, "The Book as Container of Consciousness," *Wilson Quarterly*, Winter 1995, 91.
12. Birkerts, 87.
13. 我們在結語一章裏會就此再作深入討論。
14. Simon Weil, *Gravity and Grace* (New York: Routledge, 1992), 106.
15. 來五13～14。
16. 太六22～23。
17. Neil Postman, *Amusing Ourselves to Death: Public Discourse in the Age of Show Business* (New York: Penguin Books, 1985), 63.
18. 引述自John Leo, "Spicing Up the (Ho-Hum) Truth," *U.S. News and World Report*, March 8 1993, 24。有關電視的反智效果，亦參Tom Shachtman, *The Inarticulate Society: Eloquence and Culture in America* (New York: Free Press, 1995), 特別是頁99～152。
19. Charles Krauthammer, "Printing on Way Out, Writing's Not," *Rocky Mountain News* 24 June, 1996, 31A.
20. 引述自D.T. Max, "The End of the Book?" *Atlantic Monthly*, September

1994, 68；強調語氣為筆者所加。

21.出三十二15～16。

22.出三十四1～28。

23.啟一19。

24.Erik Ness, "The Fate of Fiction in the Electronic Age," *Isthmus* (12 January 12 1996), 21.

25.Birkerts, 157.

26.Michael Heim, *The Metaphysics of Virtual Reality* (New York: Oxford University Press, 1994), 5.

27.Clifford Stoll, *Silicon Snake Oil* (New York: Doubleday, 1995), 26.

28.同上，頁25。

29.Theodore Rozsak, *The Cult of Information: A Neo-Luddite Treatise on High-Tech, Artificial Intelligence, and the True Art of Thinking*, revised edition (Berkeley, CA: University of California Press, 1994), 193.

30.參Stoll, 176。

31.Benjamin Woolley, *Virtual Worlds* (New York: Penguin, 1992), 158.

32.同上，頁160。

33.Gary Wolf, "The Curse of Xanadu," *Wired*, June 1995, 137.

34.Jeff Rothenberg, "Ensuring the Longevity of Digital Documents," *Scientific American*, January 1995, 45.

35.筆者在串字上稍加調整。

36.Rothenberg, 42.

37.Stoll, 180.

38.Rothenberg, 42.

39.同上，頁42。

40.Roszak, 194.

41.同上，196。

42.在Max, 71引述。

43.同上。

44.同上。

45.將此與以賽亞書四十章8節及馬太福音五章18節作比較。

46.Stoll, 182.

47.John Milton, *Areopagitica*, *in The Prose of John Milton*, ed. J. Max Patrick

(New York, 1968), 271；在Gertrude Himmelfarb, *On Looking Into the Abyss: Untimely Thoughts on Culture and Society* (New York: Vintage Books, 1994), 98引述。

48. 司徒爾就卡片目錄較電腦搜尋技術優勝作出了引人入勝和令人信服的論證。參Stoll, 197～203。

第四章

超文本的現實與影響

電腦熒幕的特性、文書處理的奇妙本領、互聯網的差不多無所不在，往往鞏固了後現代主義的某些主題思想；該等思想都會暗中損害基督徒的鑒別能力和以聖經為主導的世界觀。有一項廣受宣揚的科技——稱為超文本——尤其強勁，它能夠砸碎文學的含義和文字的權威。使用者只需按著鍵盤或滑鼠隨意點擊，即可閱讀文件的不同部分，或者同一時間看幾份文件。這功能往往鼓勵人藉非直線性的聯想力去快速略讀、瀏覽、掃描資料。*hyper* 這個字首，是指一個加上去的層面，而hypertext 是指在文本以上外加一層額外元素，這元素是指一種新科技，而文本可任由這項新科技操縱、竄改，甚至歪曲。[1]

撤消文本

雖然任何資訊都可以即時便取得，但是如果沒有將這些資訊放進正當的框架裏面，就會損害文字的連貫性和意義感。這可以用電視來說明，它仍是今天最舉足輕重的媒體。蒲思曼指出：雖然「語言提供一個理智與情感都有連續性和可測性的世界」，但是他的學生大多不明白邏輯思維最基本的原則。蒲思曼相信他們的理智思維之不連貫是源於電視，它「告訴你紐約發生了強姦案，然後告訴你智利有地震，之後又告訴你大都會隊贏了紅衣主教隊。」[2] 當一個攔阻人將資訊編排成有意義有連貫性的敍述或論點的媒體，取代了書籍時，用書籍形式表達的語言所產生的鑒別力就被推倒了。

近日流行的互動唯讀光碟機，標誌著業界試圖用教育或娛樂方式來結合文本與影象。[3] 人可以利用這些技術點點擊擊，就能遊走於無數影象、文字、影音短片之間，而主題範圍之廣，可以包括古典音樂、麥路恆及皮同的飛天馬戲團(Monty Python's Flying Circus；英國一個喜劇團)。

不過正如以祿也曾指出，在大多數的現代通訊中，影象每每令「文字蒙羞」，因為非語言元素，譬如相片、動畫、卡通、製圖及形形式式的平面設計，使語言文字失色、受到牽制。[4] 人們以為「多媒體」環境既然增加了感應輸入的類型(sensory input types)，理應能夠加強學習能力；然而，在這個過程之中，文本的性質往往傾向改變。文本不但不能以本身所要表達的意思之中心而獨立存在，反被修剪、簡化、吸納入平面設計的環境裏面。

因為唯讀光碟使用超文本技術，所以不論選取哪個文本，行文也很少或者沒有直線的流暢度。人可以四處跳，想去哪裏就去那裏。羅拔斯(Paul Roberts)稱唯讀光碟為「一個沒有自我的超級文本」，由各式各樣文本小段、音組(sound bites)、影象組成。[5] 單一作者這個觀念已被科技功能吞噬。羅拔斯描述當自己為唯讀光碟寫作時，就開始踏入一個利豐卻苦惱的世界中。曾幾何時他還是個滿有抱負的環保道德作家，如今卻嗟歎自己是個「吹捧文章大師」(blurbmeister)，被派撰寫膚淺的文章，譬如寫一百字關於莫扎特這類的文章，數碼化的吹噓文章已取代了實質論述。而深入那份靜止不動的文本、努力探究箇中意義所要求的時間和心力，也被即時的官能刺激直接取代了。

一個論述原本是個思考過程，在其中我們留心語文的意思，尋求多個解釋的可能性，又比較論據，作出擁有不同知識力量的結論。唯讀光碟每每傾向於損害論述，並以一種資訊娛樂來代替它。我們從一個節點(node)瀏覽到另一個節點，印象中似乎是學了一些東西，但是因為多數唯讀光碟都非常著重視覺，所以不會教人操練理性的論述。

以祿觀察到，唯讀光碟與講或寫的論述有別的是，「視象的表達是個輕省、高效率、快捷的途徑。它讓我們一瞥就可掌握全部，不用分段分析。」隨機選取的影象令分析也癱瘓了。「容讓自己為影象著迷、深受感動，較諸專心聽〔或讀〕一篇論述容易得多。」[6]鑒於這種種現實，互動唯讀光碟將會著重娛樂，而偏離教育。它們一方面慫恿人多作數碼漫遊，另方面也傾向於攔阻人培養用心閱讀和寫作的技巧。

巴麗華是位互聯網研究員，自稱是「網際圖書管理員」。她坦然承認在線上廣覽不同畫面，會形成一種獨特的鑒別力，這鑒別力影響到她的閱讀。當她翻閱休閒時所讀的書時，「怎也不能定眼看某一位置。我要不斷提醒自己要放慢步伐，對自己說：『嘿，你要看的是文采，不是內容，不要再隨意亂翻，細細閱讀吧。』」[7]心靈在網際空間裏會很容易養成習慣，只顧隨意觀看、瀏覽資料、略讀，不再作分析、反思及討論。

兩刃的技術

至此，不少讀者可能會投訴：「超文本和唯讀光碟讓人極其輕易便可讀取資訊，這優點又可有計算在內？它有助於克服上文所談到的資訊不足。」這實在是真的。我讀卡德 (Stephen Carter) 那本惹爭議的書《誠信》(*Integrity*) 時，看到書中引述奧古斯丁 (Augustine) 所著《上帝之城》(*City of God*) 的句子，也想在本書引用一下：「明事理的人能得平安，是知識與行動井然有序地互相呼應所致。」[8] 不幸的是，卡德的註腳並沒有列出句子在《上帝之城》的準確出處，而我又不曉得往何處找。因為不願意這樣子作引上引 (雖然我剛剛在章尾註釋中已經做了)，所以我立刻就希望有個《上帝之城》的超文本索引，讓我鍵入幾個字，就能尋找到句子準確的出處。我不曉得有沒有這麼的一個資源，不過倘若真有的話，我會是第一個使用。讓我再引另外一個支持該投訴的例子。

神學家奧登 (Thomas Oden) 非常高興能透過唯讀光碟讀取機 (CD-ROM reader)，「於一分鐘內從所有古希臘文獻中搜尋到某一個字；如果用人手操作，就要花上好幾年了。」[9] 我們沒理由因為一按鍵盤便可獲取浩如煙海的資訊，便以為奧登已失去連貫感和生命意義，並為此而煩躁不安。他是個基督徒知識分子，他的鑒別力和世界觀是經過數十年在書房、在圖書館、在課室裏，並浸淫於數以千計的書籍之中而臻成熟的。使用檢索技術，只會令他渴望能領會更多。

只可惜今天大多數的美國人，尤其是年輕人，心靈上並沒有刻上對印刷品的傾向性。試想想以下這宗例子，看看我們極度以影象為主的文化，如何對數學學生帶來始料不及的影響。很多教育家讚揚電腦平面設計是數學教育的成功關鍵。但是《美國科學》雜誌一篇文章〈驗證之死〉("The Death of Proof") 卻報道，在一個數學家與中學教師聯合會議中，教師們對於數學家的聲言「要確保結果真確，驗證就顯得至為重要」不表贊同。他們指出：

> 學生們不再認為傳統的、公理的驗證能夠像，比方說，視覺論據一樣具說服力。該會議的紀錄指「中學教師壓倒性地認為，現時大多數的學生(任天堂/控制桿/音樂電視的一代)不能認同或看不到『驗證』的重要。請留意為『驗證』一辭所加上的引號。」[10]

對以視覺為導向的年輕一代來說，抽象的邏輯學似乎正漸漸失去吸引力。我們討論過的那類超文本和唯讀光碟技術，將很可能進一步促進這個趨勢。若是如此，我們的鑒別力會繼續受到科技支配，而避開邏輯思考和絕對真理的觀念。

超文本若是用得其所，確是可能會有裨益，然而超文本功能始終都是一把兩刃的利劍。一刃切除無知兼打開知識的新領域；另一刃則傾向於廢除固定文本和單一作者的概念，並且降低我們的專注程度。

單一作者引退，眾多作家進來

由於網際空間的文本是那麼的可塑可移，所以我們很容易便忘記，文章含義的源頭乃出自一位作者。這個重點上的轉移，與後現代主義者或解構主義者的抨擊吻合；他們所抨擊的包括了客觀的意義、全面的世界觀之合理性，以及被視為表達作者心中意圖的文學作品之誠信。哲學家藍南(Richard A. Lanham)指出：「開放式的熒幕文本，容讓讀者隨意改變字體、放大縮小畫面、重新排列及更換文字，這破壞了名家大作——或指定閱讀材料——傳統上的幻想空間。」[11] 藍南相信最後看到的結果是「一份改動頻仍的作業，而不是一部靜態的作品，是順應人類互相爭競的動機而變異的作業，而不是一冊凍結於完美狀態的真作全集。」[12]

新聞工作者伍利觀察到，這個觀點推翻了珍藏於聖經內的傳統觀念。伍利指出，聖經的傳統觀念認為「作者寫書是想讀者依他所定的次序和方式閱讀。因此，書籍並非……合作或協商的成果；書籍是作者的付出，讓讀者吸收領會。」這個古舊的安排，是作者與讀者之間「一般不容商榷的協定之一部分，包含一方的生產與另一方的吸收。」[13]

同樣地，小說家巴特 (John Barth) 說明作者與讀者傳統上的職務是：「你不喜歡這家餐館？那就去另一家吃好了。不過我為你烹調的時候，拜託別走進我的廚房，而我也自然不會打擾你。」[14] 換句話說，雖然你可能有萬千理由不同意作者的立場，但你只可以做個持異議的讀者，斷不能代作或做個隱身的合著人。文本不是蠟造的鼻子，扭出甚麼形狀都可以。就如帕斯卡說過有關聖經的話：「任何人不想依據著聖經來解釋聖經，就是聖經的敵人。」[15]

電腦科技愈發「互動」，文本的意思就會愈變得不確定、模糊不清。一向稱為「剪貼」的方法 (喚回一種較為熱衷於機械式的做法)，如今已變得差不多絲毫不費吹灰之力、順暢非常。可供人發掘的思想所含的那種統一的結構，被一篇用相對和主觀意思拼湊而成的雜燴取而代之。文本喪失了價值和意義，給連根拔起，在網際空間任性多變的空氣中，漫無目的地漂浮。

此種割裂的文本結果將作者廢掉，讀者則被坐大。後現代主義者大聲抗議，指作者對讀者專橫，所以這些科技使他們感到高興。庫瓦 (Robert Coolver) 的評論足以說明這點：

> 藉萬聯網連繫詞匯〔文本不同部分之間的多條路徑〕、其網絡中不同的路線(相對於印刷品的固定單方向翻頁)，超文本提供了一種發散極廣的技術。它既互動又多聲道，並有利於多元論述過於有規限的言論，它還促使讀者不受作者的支配。超文本讀者和作者被形容為共同的學習者或合撰人，實際上，他們就是同行的旅人，一起繪製和重繪所構成文本(和視覺、動感及聽覺)的成分，而整個構成的文本就不再全是由單一作者提供的了。[16]

庫瓦聲稱這技術「**有利**於多元論述」，不過當然不是所需求的。然而，這正好就是麥路恆聞名一時的觀察心得：「我們成為自己所看見的。」[17] 假如我們的鑒別力是由超文本的能力制定，我們就會開始放棄對作者性 (author-ity) 這概念的堅持。遠於網際空間或現代解構主義冒現之前，魯益師已撰文提醒人要小心那些走入歧途的文學評論家。這些評論家以為「〔文學作品中〕所有東西都可以是一個象徵、一個反諷、含糊的意義。」如此，他們「輕易就找到想要的」。我們可以變得「過分忙於利用作品成全種種目的，以致太少給作品機會來感動我們。因此我們〔在文本中〕遇見的，就愈來愈多只是我們自己而已。」[18] 我們在文本中若只看到自己，便將世界縮小到自己一般大小，而且將意義囚於——如麥加力 (Malcolm Muggeridge) 所說——「自我的土牢之內」。[19] 雖然庫瓦滿口甚麼「繪製和重繪所構成文本的成分」，但整個構成的文本只能反映自我；除此以外，再也沒有甚麼屬於它們的地域了。這好比在高速公路上迷了途，卻只顧著看車上的化妝鏡子。顧影自賞 (Narcissus) 已以數碼形式入住網際空間。

庫瓦的描述考慮到、也助長了人把作者的思維意向與其作品本體分割開來。文本隨之遭到解剖、毀容、狗尾續貂，得出一本科技無政府狀態造就而成的、不斷演化的文集，作者與讀者在其中的二分法已完全瓦解。正如伍利所說：「在網際空間裏，人人都是作家，即是說，沒有人是作者，那區分作者與讀者的據點已經消失。作者引退……。」[20] 電腦科學家翟能達(David Gelernter)指出情節或論據的觀念也一筆勾銷了。作者們費盡心思「修飾文章，好能讀出某種味道、證明某一點。因此，將一本書或一份文件轉為超文本，就是叫讀者不用理會那正正是最重要的——文章本身。」[21]

1996年一月份的《有線》雜誌封面專輯報道的是麥路恆(1911-1980年)的事蹟，該文正好說明真實的作者已經消失。麥路恆的名字列於該雜誌發行欄，他被奉為雜誌守護神。據聞他已答應在某頻道接受訪問——當然是透過互聯網。在文章面世之前一年，有個叫做麥路恆的人已經開始在一個名為區(Zone)的、甚受歡迎的郵寄表列張貼訊息。伍爾夫(Gary Wolf)透過電子郵件訪問這個叫「路恆」的人。伍爾夫推斷，如果這人不是麥路恆，「就是個薄人(bot)，它的程式可怕地掌握了麥路恆的生平，並持有他獨特的觀點。」[22](「薄人」是一個模擬人類在網際空間互動的程式。我們會在第九章再作討論)該訪問在某個意義上是不可當真，因為我們曉得，麥路恆已經作古，而且也沒有那虛稱新紀元式通靈之說。然而，作為一種思維上的模仿，扮演媒體權威細訴對網際空間革命的理解，「麥路恆」的回答卻似乎頗為「入型入格」。

這個「訪問」的重要性在於真實的作者被移走有多遠，或含糊度有多高。扮演者永不獲確認，他或她從網際空間某處來模仿麥路恆，而回答問題的作者不是真實的麥路恆。《有線》雜誌一篇文章的序言還告訴我們，麥路恒的後期作品可能是合作的成果多於真正由他執筆。留下來的不是一冊植根於有名字的生命的文本，而只是一份自由浮動的、真個毫無作者性的文本。就好像某類後現代常露齒嘻笑的貓兒，空餘一抹嘻笑或一下眨眼，面貌則欠奉。

藝術家之沒落

作者的沒落與另一個網際空間的發展有著密切的關係，就是藝術家的沒落。音樂家兼作曲家布萊恩伊諾(Brian Eno)推測電腦科技將會逐漸罷免暫時未受侵犯的藝術家，並擁立聽者為代作曲人，用不同方法來編排雜錦音樂以迎合自己的口味。他相信「超文本意識正擴散到我們接收的一切事物，不單單是讀物而已。」[23] 換句話說，凡事不管有甚麼固定的意思，都受制於主觀的重新編排。倪國邦認為那預期快將出現的「數碼高速公路」(digital superhighway)，會使「已完成的及不可更改的藝術品成為歷史陳迹……而那又不一定是壞事。」[24] 在某程度上，這已是正在進行中的事。唯讀光碟，例如加布里(Peter Gabriel)的《探險者》(*Xplora*)和任格能(Todd Rungren)的《世界無秩序》(*No World Order*)，「邀請觀眾/聽眾重新組合影象、改變音樂拍子和基調，照自己的口味錄製磁道。」[25] 加布里相信唯讀光碟「將會把能創作者與不能創作者之間那道分水嶺毀滅。」[26]

布萊恩伊諾對此現狀頗為適應，他不接受傳統觀念所說：「藝術品盛載著某些審美價值」，反而選擇後現代觀點所認為的「文化物體在我們所賦予它的特性以外，便別無其他顯著特性。」[27] 這個當然是虛無主義(nihilism；儘管是一種網際空間的變調)：沒有甚麼事物擁有自身價值或意義，事事都可以重新排列、創造或毀滅，而無須理會任何規範性的設計、模式或目的。尼采是敢於深入探視這個深淵的人，他斷言人要撇開自己對價值觀的主觀投射，「存在的核心將會變得空洞」。[28] 所有價值觀都是人隨意建構的，而他們找不到可能的途徑，達到超越自己官能意識的審美或道德判斷。[29] 你對納粹式藝術有興趣嗎？蒙娜麗莎尿片又如何？

解構「解構主義者」

我以其人之法還治其人之身這簡單的方法，來測試解構主義者所謂「解放文本脫離其作者」的言論。我會用超文本把庫瓦的話修剪一番，貼至如下，其中技巧地刪除某部分（以省略號顯示），成為一個不請自來的「合著人」。

> 藉其……單方向翻頁，超文本提供一種……言論的技術……有規限的言論……超文本讀者和作者被形容為……同行的旅人，一起繪製和重繪……成分，而整個構成的文本……全是由單一作者提供。

我這不請自來的合著人，混淆了、否定了真正文本的意思，庫瓦必然會立刻抗議。我也可以用相同的策略改寫布萊恩伊諾或倪國邦的論述，激發一樣的義憤。假如我把自己的文字附加庫瓦的文本中，其內文意思所受到的歪曲就更加惡毒、可恥、無申辯餘地。

當然，如果使用得恰當，文本得以用電子技術擷取，確可以大大增進知識；就如我選取了先前寫下的一些文章和信件，插入本書一些篇章裏面。在這些情況裏面，文本的可輸送性實在可喜，因為素材本身的意思並沒有遭受宰割的可能。

不過當意思本身受到侵襲時，處境便變得不合邏輯，而且是有毒的，因為文本的整全與作者的本意等觀念全都崩潰瓦解。沒有統一的文本，也就沒有單一的作者。

根據定義來說，電子小說(或e-小說)已是沒有一個單一的作者或文本。透過超文本，可以創作電子「文本」，而該文本一直是開放的，容許一大堆作家－讀者不斷修訂、增添情節，形成一個沒有結局、沒有架構、不連貫的文學世界。庫瓦承認這一切令人眼花繚亂：

> 怎樣可以傲遊於無限之中而又不至於迷路呢？〔超文本〕空間的結構，可以令人感到備受催迫、惶惑不堪，以致敍述者徹底的沉迷其中、主客不分，而讀者就筋疲力竭，而且還有相關的過濾問題。面對著一份不穩定的文本，其他作家－讀者可以隨時闖入，而你困圍於這樣的一座迷宮，又怎樣才可以避開這些淺薄之說呢？怎樣才可以閃躲無聊廢話呢？源遠流長的小說價值觀，譬如世界大同、正直不阿、前後一致、目光遠大、代言請命等，似乎都已經陷入險境。[30]

確實地，你怎樣才可以正直地在「無限」之中航行呢？除非你自己是無限，或者擁有無限者給你的一張地圖。由於它的不連貫和不確定，無數無根的字句和概念，就適切地被形容為「迷宮」這樣狹窄費解的東西。無怪乎網際浪人作家吉布森稱網際空間為「一個無邊無際的鳥籠」。[31] 這種偽無限(pseudoinfinity；即虛擬無限)禁錮著參與的人，它不是藉著緊束的狹窄，而是透過叫人疲累的寬闊。

可認知的觀光旅遊

超文本的另一個危險之處，是它會因為容易使用而減低我們的專注程度。網際空間給人一種能知天下事的承諾——世界就在我們的鍵盤上和熒幕前，但是這要以深度作為代價。這助長人做個認知的觀光客，在網上到處瀏覽、下載併合無數零碎資料片段，但真正明白其資料內容的卻是少之又少，就好像物質空間的觀光客一樣，「踏足過卻無置身其中的體驗。」[32] 網際空間觀光客輕易就能觀看到（並可能紀錄）資料，但是沒有加以消化。前者飽覽風景而不求甚解或參與；後者則飽覽資料景色（datascape）而同樣無甚感覺，雖然已經完全超越地方和距離的限制。鑒於坐飛機旅行是多麼的舒適快捷，而旅行團又是那麼照顧周到、省時省力，現代觀光客沿途多作「停留」，不太覺得真的從一處走到另一處；認知觀光客則多作「資料停留」，以滑鼠做導遊，熒幕做蜂擁而至的資料的入口。

法國哲學家維日奧（Paul Virilio）觀察入微，說我們甚至不再需要走開所處的地方，因為「我們不用離開，就有**一切事物臨到**。但是『臨到』的，已不再是一個中途站或者一個旅途終站。它僅是資訊，**資訊世界**？不，是**資訊宇宙**！」[33] 資訊宇宙的臨到不一定產生對現實的了解。使徒保羅在二千年前說過，那些人「常常學習，終久不能明白真道」，[34] 他深深了解這個問題。

斯多亞學派（Stoic）哲學家辛尼加（Seneca；公元前4年～公元65年）有關閱讀與思想藝術的忠告，今時今日仿若當頭棒喝。他勸人閱讀時應當細味「才華無懈可擊的」作者的著作，而不是一本又一本的掠過便算，就好像一些人「一生人都往海外跑，結果雖然到處得到殷勤招待，卻找不著真正友誼。」[35] 辛尼加又用另一個生動有趣的比擬，回應人該在不同時期品嚐不同的書籍之說：「嚐完一味又一味的餸菜，只顯出那人胃口挑剔，不過雖然食品相異、種類繁多，卻會導致身體受污染，得不到營養。」他睿智地以一句話總結：「處處都在，就等如一處也不在。」[36] 將這句話套進網際空間，我們可以說：「處處虛擬地都在，就等如一處也沒真個的在。」

愈來愈多人的心靈受到那茫茫之地的深淵召喚，被吸了進去。就像我們所討論過，電腦熒幕——儘管迷人之處無數——並非心靈的溫室。書籍——純印刷術出產的那堅持不用電源的手工藝品——擁有促進心靈茁壯的資源。用心閱讀印刷文本的人，心思會轉向一個有秩序、有意義、有可能認識真理的世界。

註釋：

1. 參Michael Heim, *The Metaphysics of Virtual Reality* (New York: Oxford University Press, 1994), 30。

2. Neil Postman and Camille Paglia, "She Wants Her TV! He Wants His Book!" *Harpers*, March 1991, 54.

3. 從1993年聖誕節到1995年聖誕，擁有唯讀光碟機的消費者人數從不足九百萬躍升至估計的四千萬。預期1996年，購買人數將有七千萬。〔Paul Roberts, "Virtual Grub Street," *Harpers*, June 1996, 72.〕

4. Jacques Ellul, *The Humiliation of the Word* (Grand Rapids, MI: Eerdmans, 1985).

5. Roberts, 77.

6. Ellul, 133.

7. John Whalen, "Super Searcher," Interview with Reva Basch, *Wired*, May 1995,153.

8. 引述自Stephen Carter, *Integrity* (New York: Basic Books, 1996), 28。

9. Thomas Oden, *Between Two Worlds: Notes on the Death of Modernity in America and Russia* (Downers Grove, IL: InterVarsity Press, 1992), 130～31.

10. John Horgan, "The Death of Proof," *Scientific American*, October 1993, 103.

11. Richard A. Lanham, *The Electronic Word: Democracy, Technology, and the Arts* (Chicago: The University of Chicago Press, 1993), 51; 在Sherry Turkle, *Life on the Screen: Identity in the Age of the Internet* (New York: Simon and Schuster, 1995), 18引述。

12. 同上。

13. Benjamin Woolley, *Virtual Worlds* (New York: Penguin, 1992), 153.

14. John Barth, "The State of the Art," *The Wilson Quarterly*, Spring 1996, 36.

15. Blaise Pascal, *Pensées*, trans. A. J. Krailsheimer (New York: Penguin Books, 1996), 251/900, p. 104. 帕斯卡在文中評述奧古斯丁著作*De Doctrina Christiana, III～27*。另參彼後三16。

16. Robert Coolver, "The End of Books," *New York Times Book Review*, 21 June 21, 1992, 23.

17. Marshall McLuhan, *Understanding Media: The Extensions of Man* (McGraw-Hill, 1965), 19.

18. C. S. Lewis, *An Experiment in Criticism* (Cambridge, England: Cambridge University Press, 1961), 85. 亦參Bruce L. Edwards, "C. S. Lewis and the

Deconstructionists," *This World 10* (Winter 1985): 88～98。

19. 引述自John Stott, *Romans* (Downers Grove, IL: InterVarsity Press, 1994)(沒有提供出處)。噢，還望能有個關於麥加力的超文字索引！

20. Woolley, 165.

21. David Gelernter, "Unplugged," *Technos* 4, 1 (Spring 1995), 27.

22. Gary Wolf, "Channeling McLuhan: The Wired Interview with Wired's Patron Saint," *Wired*, January 1996, 129.

23. Kevin Kelly, "Gossip is Philosophy," Interview with Brian Eno, *Wired*, July 1995, 151.

24. Nicholas Negroponte, *Being Digital* (New York: Alfred A. Knopf, 1995), 224.

25. Ginia Bellafante, "Strange Sounds and Sights," *Time*, Special Issue: Welcome to Cyberspace, Spring 1995, 14.

26. 同上。

27. Kelly, 207.

28. Friedrich Nietzsche, *Thus Spoke Zarathustra*, in *The Portable Nietzsche*, ed. Walter Kaufmann (New York: Viking, 1968), 171.

29. 就此問題，參C. S. Lewis, *The Abolition of Man* (New York: Collier Books, 1955).

30. Coolver, 26.

31. William Gibson, *Mona Lisa Overdrive* (New York: Bantam Books, 1988), 49; 在Heim, 81引述。

32. Daniel J. Boorstin, *The Image: A Guide to Pseudo-Events in America* (New York: Atheneum, 1961), 94.

33. Paul Virilio, *The Art of the Motor*, trans. Julie Rose (Minneapolis, MN: University of Minnesota Press, 1995), 131～32；所加強語氣符號屬原文所有。

34. 提後三7。

35. Seneca, *Letters of Seneca*, trans. Robin Campbell (London: Penguin Books, 1969), letter 33.

36. 同上，letter 32.

第五章

真理在網際空間的前景

在前數章裏，我們探討了網際空間侵蝕人的心靈的幾種方式。科技——儘管應用方式多采多姿——並不是中性的工具，它們影響著我們生活的方式，這情況多不勝數，而且往往是無影無形的。如果我們意識到自己的困境，並為自己不安的心靈尋找希望，就必須認真思量電腦的意義。在假裝的線上身分那個離心的自我裏面，扮演其他的人是後現代心靈惟一的選擇。沒有「真實的我」，就沒有可靠的模式教人在道德和靈性上長進。凡事都可以協商、可以替換、可以多樣化。正直變得不可能，理想的高尚品格變得渺茫，即使人心仍然是渴望有一個可以屬於自己的自我。

網際空間脫離軀體的背景也會燃點起虛妄的希望，以為可以得到一種不需要肉體的數碼式復活、一種躲進資料領域(datasphere)的逃避方式。我們捨書取熒幕，就失去一致性、直線性秩序、著作人身分，以至失去書籍的質感及閱讀行為所產生的穩定意義，這一切對我們的影響極其深遠。若只顧走到網際空間世界所助長的那些鑒別力，為滋補心靈而追求真理就變得困難重重了。

網際空間科技的兩刃切割，比我們到目前為止所討論過的還要深。真理在網際空間的前景如何？洶湧奔騰的資訊會不會戰勝那遺害極深的無知呢？線上通訊會不會成為傳福音的另一個重要媒體呢？我們愈來愈緊密的連繫，會不會促使真理的分享發展到史無前例的規模呢？真理在網際空間能有怎麼樣的機會呢？

在錯誤百出的世界追求真理

數個世紀之前，帕斯卡曾寫道：「今天真理極其模糊、謬誤極之根深柢固，除非我們熱愛真理，否則就永遠不會認識真理。」[1] 遠在科技時代展開之前，帕斯卡已經詳盡地思索：究竟在一個充斥著謬誤、欺詐、紊亂、愚昧的世界裏，人類知識處於怎樣的困境？他為基督教世界觀申辯的一個主要特色，是堅持懷疑論者、不可知論者、所有無信仰的人都必須認真尋索真理，他們雖然還未掌握得到，卻仍愛之過於一切。帕斯卡這樣闡明自己的方案：

> 我必須……喚起人尋找真理的渴望，他們要做好準備，也不攙雜情欲，不管在何處找到了都要追隨，因為已認識到自己的知識是多麼的被情欲遮蔽了。我希望人會憎惡淫亂的事，因為淫念會在人不自覺中主宰他的抉擇；如果他憎惡淫亂的事，淫念就不會在他作取捨時蒙蔽他，也不會在他選定之後攔阻他。[2]

帕斯卡深知有鎖鍊將我們捆綁在謊話之中，而且我們又有諸多藉口，託辭搜尋真理過於繁重，所以不如省掉它。「那些不愛真理的人找藉口為自己開脫，說真理是備受爭議，又說有很多人不予承認它。所以，他們的謬誤完全是在於他們不愛真理，也不愛善行，因此他們實在不應有藉口。」[3] 不管個人要付出甚麼代價也要追求真理，這追求的心是關鍵所在，有助管理自己的感官，以及為接納現實而調校自己的鑒別力。

魯益師透過大榔頭魔怪清楚有力地道出另一個逃避真理的計謀；它向後輩陳述種種騙人的詭計。

> 你轄下的那個人，打從小小年紀開始，便習慣了腦袋裏常常有十多款互不相容的哲學跳來跳去。他看教義主要不是在乎「對」或「錯」，而是在乎它是「純理論」還是「講究實際」、是「迂腐」還是「現代」、是「相沿成習」還是「不顧一切」。最能幫助你阻止他返回教會的是大量術語，不是理據。[4]

大榔頭魔怪進一步指導蠹木(Wormwood)不要讓他轄下那人養成「那致命的習慣，既關心影響人類整體的問題，又不顧那源源不息的即時感官體驗。你要做的是令他的心緊緊盯著那源源不息的感官體驗。」[5] 源源不息的即時感受，不論是來自「網上瀏覽」還是其他活動，通常都不適合考慮「影響人類整體的問題」：人的來源、本性、責任、意義、命運等等。

帕斯卡是他那代人的權威知識分子，在任何資訊科技誕生之前，以及我們的生活緊緊相扣之前，他已經寫下了預警。不過，他也發明了首部加數機，用來幫他父親計算稅款。這項發明的基本原理造就了電腦的雛型，而電腦不但擴大了我們獲取知識的能力，更助長人全然避開真理。我們應該聽取魏爾的忠告，她在一篇題為〈心靈的需要〉("The Needs of the Soul")的文章裏說明：「對真理的需要較任何需要更加神聖，但卻又從來沒有人提起過它。」[6] 假如真理是心靈最重大的需要，又是心靈最大的資產，真理就必須力抗網際空間那些令人不能認知真理、妖言惑眾的歌曲。[7]

真理的真義

耶穌被釘十字架之前，受彼拉多審問，那時耶穌宣告：「凡屬真理的人就聽我的話。」[8] 彼拉多回問：「真理是甚麼？」說畢，就立刻離開耶穌，走出去跟那些想將耶穌釘十字架的猶太人說話。正如培根(Francis Bacon)在〈論真理〉("On Truth")一文中所言：「彼拉多嘲弄著說：『真理是甚麼？』卻不肯留下來聽答案。」[9] 雖然我們沒有紀錄得知耶穌有沒有回答他，但是基督徒就會認定當時彼拉多正與真理面對面相遇上，因為早前耶穌曾向門徒多馬說過：「我就是道路、真理、生命。」[10]

這段對話提出了一個始終未能解決的真理的本質問題。一句話怎樣才算是真的呢？視真理為客觀的及可認知的這個既定觀念，受到不少後現代主義者質疑。與此同時，這個課題在他們的圈子裏亦惹起不少爭議。外界很多學術討論也像彼拉多一樣，對真理持冷嘲熱諷的態度。他們自鳴得意地說：「真理是甚麼？」但是又不肯停步等候答覆。然而除非我們清楚了解真理的信念，否則任何聲稱擁有真理的——不論是基督教或者非基督教，都會令人感到困惑多於令人得到啟迪。

自有歷史以來，一直到現今，絕大多數哲學家和神學家都持真理相符觀(the correspondence view of truth)，認為只要與事實真相相符或一致，任何一句話都是真的。若說：「我書房裏那張桌子是棕色的。」表示在我書房裏有張棕色桌子這情況下，這句話才算是真的。在此情況下，若說：「我書房那張桌子不是棕色的。」便是錯的。它之所以錯並非取決於主觀意願或大多數贊成票，而是由於那句話不能與客觀現實相符。

在歷史上，基督徒一向都確認(不論是含蓄地還是明確地)真理相符觀，因此認為只要有充分歷史和哲學理據，便相信基督教的啟示是客觀事實。針對真理相符觀而發動的哲學攻擊多不勝數，[11] 然而，不管有沒有人聽過那些哲學論點，真理所面對更微妙的考驗，卻來自那常常侵蝕這個真理概念的生活方式。結果，許多這類的生活方式在網際空間卻得以永存不朽。

資訊與真理

雖然我們在第三章簡略地討論過資訊過盛的問題，但是我們也要進一步反省，資訊與知識和智慧有著怎麼樣的關連。當我們加入網際空間那巨大的網絡時，我們就可以隨意使用那浩瀚如煙海的資訊(假設我們操作那個介面的技巧已純熟)。然而，我們能吸收這對我們有利的資訊的容量卻甚為有限。法國哲學家布希亞(Jean Baudrillard)將此簡潔地道出：「我們居住的這個世界，資訊愈來愈多，意義則愈來愈少。」[12] 蒲思曼更詳加解釋：「資訊與人生意義之間的聯繫給割斷了，即是說資訊不分青紅皂白地出現，它沒有特定對象，它量大、速度高，而且與理論、意義或目的脫勾。」[13]

意義的確認必須有一個可以控制的感官和理性處境，在其中人沒有給資訊淹沒，也沒有因為刺激太少而精神渙散。正如帕斯卡所言，讀得太快或者太慢都會錯過文意。[14] 每顆心靈都有自己最理想的攝取、吸收及消化速度——這速度甚少與科技文化那旋風式的速度同步合拍。[15]海姆提醒「我們在注意某項事物的重大意義之時，不可依照電腦那非常危險的步伐行事。我們要衡量、反省、沉思。」[16]以祿注意到，資訊過盛會導致「支離破碎的世界觀」，因為人從來沒有將資訊放進恰當的歷史和道德框架裏面；因此，資訊留不下持久的印象。「資訊過盛與一個善忘的文化攜手並行。大量資訊招致一種視而不見的生活，是不可能生根，也不可能有其延續性。」[17]

如果我們沒有注意到一份資訊的意思，就不能準確地估量其真義。這在線上交談室的交談之中清楚可見。每名參與者——人數可以高達三十——在自己的熒幕上看到其他參與者寫的一系列短訊。他們可以加入，把自己的信息打出來，寄到那個「室」去，這只需數秒的時間。在同一刻裏，不同的參與者交換的訊息可以多達五六個。信息攙和在一起，高速捲動而過，消失於無有之境。當考慮到信息往來之迅速、文本之轉瞬即逝、話題之多樣化，要在言談之中尋找意義實在是極之困難的事——也不要説尋找真理了。雖説這些交談室刺激萬分，令人快樂，有時還頗令人興奮(方式稀奇古怪、粗腔橫調的)——但卻不是尋找真理的最佳去處。

《虛擬城市》雜誌的一篇專欄，也説明意義已在網際空間消失。該文題目為〈生命的意義〉("The Meaning of Life")，甫開始就頗為認真，由作者提問：「有甚麼意義？只得這個而已？」然後他轉動滑鼠逐擊逐擊地在搜尋器的引導下作出互聯網之旅；搜尋器出示超過一百個命中「生命的意義」這個課題的資料。他列舉的例子只不過是一堆嚴肅的、憤世嫉俗的、白癡的拼湊大集成，其中包括了教皇通諭、《易經》(*I Ching*)、蒙地皮同(Monty Python),還有一個自稱是神的男子。他所得出的結論是:「生命的意義無論是虛擬的抑或真實的,它們要來就來。」[18] 那些意義(眾數)是隨意的,無分等級的(皮同和教皇同是網上公民);它們是可選擇的,不是必然的,因為它們「要來就來」,從資料海洋中滾滾而來。

網際空間的數碼娛樂

不管網際空間——對於那些沒有植根於一個實在的世界觀的人——是多麼的令人不安,甚至令人驚恐;有不少人認為,網際空間使人著迷,它最終都只是用來娛樂人。帕斯卡在談到人類如何偏愛作樂時,他不厭其煩地詳細揭露各式各樣的消遣,這些全都攔阻人在一些極為重要的事上尋求真理。在帕斯卡那個年代,娛樂包括打獵、比賽競技及其他消遣方式。網際空間提供的娛樂計有唯讀光碟遊戲、各式 MUD 和 MOO、電子郵件、交談室等等;與之相比,帕斯卡時代那一整套消遣方式就顯得微不足道了。儘管如此,不論是怎樣得到娛樂,人類的消遣心理仍然保持不變。帕斯卡意識到,娛樂使我們在痛苦中得到安慰;然而,自相矛盾地,娛樂卻成為我們最深的痛苦,因為它阻礙我們思想自己的真實景況,並且「不知不覺間導我們踏上滅亡之路。」若不是有娛樂,我們就會「很無聊,而無聊會驅使我們尋求一些更實在的逃避方法;但是娛樂導致時光流逝,不知不覺間帶我們去到死亡之境。」[19]

娛樂的用處是令人分心,不去想那不敢正眼看的苦境:就是自己總有一死、處處受制、作惡多端。帕斯卡想扯下娛樂的面具、暴露其真貌——它是一種逃避現實的企圖,也是一種象徵，表明人的狀況出現了不穩定及不尋常的現象。帕斯卡認為，對娛樂產生興趣，甚或沉溺其中，不但無聊膚淺，更暴露一種無法解釋的道德及心靈不安。人的狀況是「無常、無聊、焦躁不安」。[20] 擺在我們面前的，是一個不能改變的必死命運，它用欺瞞手法迫使我們用不可能的方法，去克服那不可避免的，透過那些裝成值得花上時間金錢、實情卻是空洞無物的娛樂來尋求滿足及釋放。

> 人被造顯然是要來思考的。在其中有他所有的尊嚴和價值；而他所有的職責就是思想當想的事情。思考的次序應始於我們自己，以及創造我們的那位和我們的終局。……至於世人思考的又是甚麼呢？他們從來都不思想這些，所想的都是跳舞、彈琴、唱歌、寫詩、競技比武等等，還有爭戰、登基作王，但又沒想過作王或者做人的意義。[21]

或許我們也可以補充說，人想著的是更強勁的網上瀏覽工具、更快的數據機、更大更色彩繽紛的熒光幕、更大的記憶體、更多特技等等。網際空間常客甚少會滿足於現狀。帕斯卡注意到：「人若是〔自然而然的〕快樂，愈少娛樂就愈是快樂，就好像神的聖者那樣。」[22] 娛樂不能帶來持久的快樂，因為它將快樂之源置於我們外面，所以我們的快樂往往取決於一些我們控制以外的因素，以致我們「每每被一千零一種意外打擾得心神不寧，也免不了因而苦惱不堪。」[23] 不管電腦系統是多麼的精密，其運作仍飽受蟲、病毒、蠕蟲、電壓劇增，以至無知所擾。更且，電源可以突然中斷，互聯網帳單亦可以衝天飛。

倘若人能認清娛樂的真貌，只是一些不是淺薄通俗就是分散精神的活動，人偶而藉以躲避人生中惡劣不快的現實，就無須咎病娛樂，但是自欺也會開始活動起來。最終，「我們放置一件物件在自己面前阻礙視線，不讓自己看到前面的深淵，然後不顧一切直奔過去。」[24] 依帕斯卡所言，這情況說明了人性的腐敗。「如果我們是真的快樂，就不會覺得需要用娛樂來逗自己開心、來令自己不用再思想眼前的景況。」[25] 正如艾略特（T. S. Eliot）說過：「人類不能承擔太多真相。」[26]

帕斯卡說「人曾經一度享有真快樂，不過如今剩下的只是空洞的印痕。人千方百計用周遭的東西填塞〔這印痕〕，卻只是白費心機；在實物中既找不到幫助便往虛擬中尋。」然而，這是徒然的，因為「無限的深淵只能由無限的、永遠不變的物體填滿；換句話說，只能由神自己充滿。」[27] 按照魏爾所說：「恩典充滿空洞的空間，但是恩典只能進入一個虛位以待的空間，而製造這空間的乃是恩典本身。」[28] 傳道書補充說：神將永恆安置在世人心裏。然而若我們沒有神的啟示和救贖，就不能全然明白或得著平安。[29]

不由自主地尋求娛樂，往往是一種企圖逃避生活中的悲苦之做法。靜靜地安坐自己房中，是極其困難的事。在基督以外漫無目的地漂浮的人靜不下來，他們不在真理中求滿足，反而到網際空間尋求慰藉。正如帕斯卡所言：「我們本性是動的，絕對的靜乃是死。」[30]

今天的電腦互動遊戲之中，很多都是藉著極端暴力和殘忍的擬象來娛樂數以百萬計的用家。即使是高科技的娛樂也可以令人厭煩，所以影象刺激和模擬都必須愈來愈激情。[31] 原本是為兒童而設的遊戲，例如「致命搏鬥」（Mortal Kombat）及「黑夜陷阱」（Night Trap），賣點是電刑處死、斬首、武士活生生地扯出對手的心來、殺人獻祭、將女子綁在肉勾上等等。[32] 1993年最受歡迎的電視遊戲「致命搏鬥」裏的人物，以相片一般真實(photorealistic)的方式「在熒幕上互相毆鬥厮殺至血流成河。」[33]

推銷1995年最受歡迎的電視遊戲「毀滅戰士」(Doom)的廣告這樣說：「**現在這裏有個比地球更暴力的地方**。」[34] 有個「毀滅戰士」擁躉向該遊戲的其中一名原創者坦言：「『毀滅戰士』是我的命根。」[35] 那可以說是個注定劫數難逃的生命。

這是個嚴肅的問題。社會評論員史東(Allucquere Rosanne Stone)聲言：

> 在短短的日子中，大部分兒童花在玩電腦遊戲上的時間，將會超過看電視的時間。在九零年代過去之前，電腦遊戲極可能成為工業化社會中社交活動，以及教育方面一個還未被承認的重要源頭。[36]

當然，這些遊戲並非全都是有害的，只是人的想像力經過暴力及古怪電腦遊戲影象的污染之後，就不受聖潔的神指引。如帕斯卡所言：「想像力將細小的事物用極誇張的手法放大，直到充滿我們心靈，又用極傲慢無禮的手段將偉大的事物削至自己一般大小，就好像談到神的時候那樣。」[37]

網際空間的娛樂常常在五彩繽紛的熒幕上將不存在的事物放大，再配上音響效果，又使之成為「互動」，從而用虛構的事物充塞我們的心靈，並且罔顧神的實在、當作等閒。比方說，有個叫「來世」(Afterlife)的唯讀光碟互動遊戲，在廣告上自稱是「第一個建造世界的模擬，能讓你同時間管理『非現實的生活狀況』的兩個層面——天堂與地獄。」永生與永死那驚天動地的屬靈現實被模擬和淡化，以期達到娛樂目的。然而，「在我們與天堂和地獄之間就只有這一生，它是世上最脆弱的東西」這話仍是真的。[38] 這種脆弱感驅使我們雙膝下跪，而不是驅趕我們走向網際空間那些奇異的、不敬虔的擬象。

網際空間或許是人類有史以來所遇到的最大試探，引誘人在娛樂當中失去靈魂。讓感官受到鋪天蓋地的資訊衝擊，或受盡種種刺激的擠壓，這些都不會幫助人在真理的知識中找到安寧。

資料、資訊、知識

雖然這三個字眼常常在網際空間裏面及周邊被當作可互用的字詞，但是資料、資訊、知識之間卻存在極大的分別，而網際空間的討論常常都避開有關智慧的觀念。未來學家托艾文與托海滌（Alvin and Heidi Toffler）對於主要由電腦網絡推動的第三波（或資訊革命），大為心醉神迷：

> 我們用更多方法將資料互相聯繫，賦予處境，因而組織成**資訊**；我們又聚集大堆大堆的資訊，成為更大更大的**知識**模型和結構。[39]

嚴格來說，托氏夫婦沒有將**資料、資訊、知識**當作同義詞來用，但是他們也沒有適當地區分它們。雖然可用的資料增加，便製造出更大量的資訊，但是分辨是非所要求的，不僅是將所謂的知識裝配成巨大模型而已。不是凡向心靈致意打招呼的都能夠提供營養，所要求的是辨別能力。我們先來給一些名詞下定義，以助辨別。

按慣例，**數碼資料**(digital data)是指可儲藏及傳送的電子單位，它可翻譯成人類語言符號。雖然資料與資訊這兩個詞很多時都被交替使用，[40] 但是若能將它們清楚區分，便可以清晰科技的兩個層面。[41] 網際空間的二進制位元其實並非資訊，要等到轉換成可明白的形式才算是資訊。我下載與自己的軟件不相容的檔案時，就清楚看到這個事實。衝著我而來的是一排一排陣容鼎盛、毫無意義的象形文字——資料垃圾。

數碼資料既可量化亦可簡化。以下三句說話所包含的資料量相同：

1. 敬拜耶穌得生。
2. 敬拜撒但得生。
3. 敬拜阿拉得生。

在數碼方面，這三個陳述句都是相等的(字數相同)，因為用數量表達的資料不會顯示語義符號的一面。然而，在質量方面，就真理和意義而言，這些話是不相等的。奈斯說得好：

> 在電腦上遊走，所有文字〔和圖表〕相繼逐漸分解為資料的數碼位元……在這種位元形式，數據機和電腦都不能鑒別哪份是聖經，哪份是塞萬提斯(Cervantes)的著作或是本月玩伴。在我們這個正在冒升的資訊經濟裏面，以上的事物都可以用定量形式買賣，好像水和電一樣。下載十月玩伴(Miss October)的照片插頁的連線時間，可能與下載新約聖經時間相若。[42]

資訊指的是人能夠看得明白的語言或圖表素材。這本書是資訊，雖然它的內容可以用數碼資料形式儲存。資訊告訴我們一些東西；即是說，以它的內容在我們意識之中留下印象。資訊透過感官進入心靈，留下某種印記或痕迹。不過，資訊有**真**也有假。假如真理是心靈最終的避難所，又是心靈力量與安穩的源頭，擷取資訊也就不能令心靈滿足了。

索忍尼辛(Aleksandr Solzhenitsyn)是位英雄人物，在共產主義底下為真理受過很多苦；1978年他在哈佛大學演講，談到「人的**不知**權被剝奪了，人不能拒絕讓流言蜚語、廢話空談充塞神聖的心靈。人若照常工作、過有意義的生活，就無須要這些過濫而又煩人的資訊洪流。」實際上，「草率與膚淺」乃是「二十世紀的精神病」。[43] 人必須能夠分辨真假，確定哪份資料與事實相符，哪份不相符。保羅為此告誡提摩太要「躲避世俗的虛談和那敵真道、似是而非的學問。」[44]

真實的資訊，得到人認同，就是**知識**。我們正確地管理感官和運用思考，從而理解為真實的，便是知識。正如帕斯卡指出，在一個作虛弄假的世界裏，得知識往往是要排除萬難，失知識則是輕而易舉。犯錯機會多如牛毛。有些患了資訊衰竭(information exhaustion)的人永遠不會上進到知識階段，因為他們認為認識真相是不可能的事。雖然無限段相連的資訊會從資料之中冒出來，將我們連結到電子蜂房(electronic hive)去；但是知識，真理的意識，卻往往會消聲匿迹。

不真實的超真實

後現代虛無主義者布希亞談到光是資訊是無用的(他稱「資訊」為「知識」)：

雖然過盛的知識表面上是任意散播四方，但是互換是它所屬的僅有過程。於介面間，對話者以電源插頭插入插座的方式互相聯繫。通訊的「發生」所靠的是獨立運作的舜發的巡迴，通訊若要「良好」，就得要快——沒時間留給靜默。緘默給逐出熒幕以外；在通訊中無處容身。媒體影象(而媒體文本在各方面都與媒體影象相似)從不會默然無語：影象與信息都必須無間斷地前後緊接。[45]

對布希亞來說，影象與資訊在不斷的轟炸，它們並沒有表明或反映甚麼客觀現實。在熒幕上出現的——不管是電腦、電視還是電影——都不是外在現實的具象地圖，而是一個自我封閉的表現，除自己以外，別無相符合者。

布希亞評論說那幅「地圖」並沒有模擬或描寫一方地域，那地圖本身已經開展出自己的生命來。如今模擬即是「用模型製造一個無起源、不實在的真實：一個超真實(hyperreal)。地域再不須在地圖出現之前便存在，也無須在地圖消失之後繼續存在。」[46]當符號(不論是語言還是影象)與它被認為象徵的事物割離時，它就成為「超真實」。布希亞相信這樣地架空符號，是通訊技術大規模發展所致。大體上，電子媒體，尤其是電腦，很容易產生引人入勝的不真實事物——雖然很有心理效應和經濟影響，但是完全不涉及任何實物。符號不再仿效、複製或甚至拙劣地模擬那真實的，而是乾脆地取而代之。[47]第一章提過，阿帆以「愛麗珊」身分上網，在一個MOO與「珍蓮」發展一段女同性戀戀情，兩人之間在文字上的交往並沒有現實根據。不管兩人打得多麼火熱，他們都是以超真實中介(hyperreal agent)的身分棲身於一個超真實的環境裏面。

布希亞的評論不應被視為駁斥真理相符觀之邏輯論據，他的評論是集社會學和心理學的觀察心得，來說明為甚麼使用電子媒體探索真理可以是十分棘手的事。因為超真實世界不能與自己以外的事物相符合，所以應被視為客觀現實的一個虛假圖象。雖說有個叫阿帆的人扮做愛麗珊，但是愛麗珊本身並不存在。「愛麗珊存在」這陳述句是指一個超真實的世界，不過，根據真理相符觀，這話其實站不住腳。

布希亞對難以矯正的超真實系統作出回應，試圖與之和平共處，因為他不接納任何超越它或把它當作相對物處理的東西。對布希亞來説，神已死，意義已死，真理已死；這解放了我們，因為人再不用確保自己的理念與客觀現實相符，也無須為辦不到的事情而焦急。[48]

我們對布希亞的回應，一方面必須保存他的洞見，即是説，在我們這個「資訊年代」，尤其是在網際空間裏面，真理慣性地被模擬或仿造；另方面，我們也一定要責難他對不真實的世界的默許。雖然布希亞説事事都變得超真實，而且真理作為思想的一個類別業已消失，但是他自己談論超真實和電子媒體騙局的一番話，本身就不可能是超真實的，否則就沒理由去認真地對待他的言論，也不能認為他已經準確地描繪實情。科技影響我們的鑒別力，常常令它們變得對真理麻木，不過科技並沒有毀滅客觀現實或認識客觀現實的可能。

智慧與世界觀

除了細閱資訊尋找知識之外，任何人想明智地應用知識都需要有**智慧**；而智慧就不僅僅是資料論據的累積。社會評論員羅澤克談到有些人「在資料論據森林中迷失了理性方向」。[49] 套用艾略特在〈盤石〉(“The Rock”) 裏的話：

> 我們在生活中失去的生命在哪裏？
> 我們在知識中失去的智慧在哪裏？
> 我們在資訊中失去的知識在哪裏？

雖然很多問題都歸根於資訊不足——例如第三章討論過那名中國學生的危險病情，但是不少慢性疾病其實並不是那麼需要更多的資訊。蒲思曼總結說：「由於資訊不足而引起的政治、社會，特別是私人的問題，其實甚少。」[50] 我們欠缺的是智慧。

網際空間找到的和串連起來的資料論據，可能會缺少了智慧的印記；我們使用智慧這項才能，將所認識的事物按其重要性和意義分級歸類，再看清楚需要認識的是甚麼，並且謹慎地決定如何將所認識的付諸實行。智慧收取知識，了解箇中意義。智慧隨著神的愛帶領，讓真理在人心靈裏產生作用。保羅告誡我們說：「知識是叫人自高自大，惟有愛心能造就人。」[51] 使人有智慧的，是憑著愛心活出真理，而不僅僅是累積知識或資訊。[52]

地球上性能最好的硬碟機、最快的數據機、最精密的文書處理軟件，以至最厲害的互聯網搜尋器，都不能將智慧下載到人類的心靈中。擁有智慧是一種獨特的個人素質，不可貶減為一種技巧。電腦分析員陶博特 (Stephen Talbot) 說得通透：「人的生命只可在意義的海洋裏維持下去，而不是在資訊的網絡中。」[53] 網際空間是為極其易變的資訊而設的矩陣；這些資訊有些是真的、有些是假的，有些是有用的、有些是有害的、有些是淵博的、有些是瑣碎的。

蒲思曼提出的論點是：當既定的宗教世界觀失去了令人信服和遵從的力量時，「隨之而來的必然是惶惑，不曉得應致力於甚麼，以及如何賦予它意義。」[54] 雖然蒲思曼並沒有贊同任何宗教的世界觀，但是他承認，現時的環境確是給人帶來惶惑。他說我們的文化是個「科技壟斷」(technopoly)，在其中「得到的學說並沒有提供指引，讓人知道甚麼才是在道德範疇之內可接納的資訊。」[55] 用來代替道德決定的，也只剩得實務上的決定而已。甚麼**管用**取代了甚麼是**對**的。因此，智慧逐漸衰微。蒲思曼雖然不是基督徒，卻看出聖經在我們如何處理資訊一事上起了「約束機制」(control mechanism) 的作用：

> 聖經提供了多方面的教導，說明人該做甚麼不該做甚麼，又指引人要避開哪一種言詞(否則犯上褻瀆神的罪)、要避開哪類的思想(否則犯上離經叛道的罪)、要避開甚麼象徵符號(否則犯上拜偶像的罪)。[56]

除非我們擁有一個健全的世界觀，足以將連珠炮般的資訊歸類排序，否則我們所得的會是伯克斯所謂的「橫向意識」(lateral consciousness)，缺少了從*sub specie aeternitus*(永恆的角度) 觀看生命的縱向面。他聲言人若要看透資料，直達根本的模式與定律，「就必須有一樣東西是讓人看透，並且能**達到**的。人必須相信一個綜合的統一體 (comprehensive whole) 存在的可能性。」[57]

諷刺地，伯克斯沒有說那個「綜合的統一體」可能是個甚麼東西。他只是斷言，要是我們想找出某一方面的意義，而這意義能夠將秩序、洞見、智慧的話，帶入大片大片結成網絡的資訊中，這個「統一體」是必須有的，不管它是甚麼。他堅稱：對於文化的意義、真理的追求、心靈的健康，只有結連而沒有超越的橫向意識是一種威脅。雖然他嗟歎：那本來源於「猶太教與基督教（Judeo-Christian）都假設存在的深不可測的奧祕」[58]的領悟力已經流失，但是他沒有進而探究那個領悟力。不管他的分析有多精闢，伯克斯還是力圖僅用一紙無銀碼、無指定貨幣的期票，從網際空間的爪鉗中奪回意義、真理、領悟力、目標、奧祕。他試圖用一個空洞的範疇來約束浩瀚無際的網際空間——以至一般的電子媒體。

伯克斯所談及的心靈，並不是指我們那含有宗教意味的永存不朽的本質，反而是含有「世俗」意味的「心性本質（inwardness）……就是指我們以宇宙中不受約束的神祕生物自居那種意識。」心靈「煉取意義，試圖從經歷中取得一種使命感。」[59]這種功能式的描述，未能探清心靈作為一個實際存在的現實，這需要一個更大的真義，好賴以調校自己的方向、管理自己的能量、約束自己的欲望、釋放自己脫離自我毀滅、教導自己應敬拜甚麼和怎樣敬拜。雖然伯克斯指出了，我們需要縱向的一面來賦予橫向的一面，但是他只是含糊地形容心靈為「我們對那未知的定位。」[60]不過那未知的，可不會將伯克斯或任何人提升到高過網絡的、電路的、蜂巢的電子地平線。雖然伯克斯所用的評論資料大多出自基督教傳統，但是他仍忍著不肯贊同基督教是千真萬確的。

同樣地，雖然蒲思曼是一位觀察入微的科技評論員，但是對於我們若想整理那大堆撲面而來的資訊所必須要有的那種世界觀，他卻沒有清楚表明出來。雖然蒲思曼似乎頗尊重信仰傳統（同時間又諸多批評），但是他否認任何「絕對的知識」的可能性（故此排除了啟示的可能）[61]，並提出了一個奇怪的論點，認為如果將兩個相反的主張並排同列，兩者都可以是真確的。[62] 但是模稜兩可、變幻莫測的信念並不能帶來意義、真理或智慧，也不會提供足以整理資訊的「約束機制」。假如「甲」與「非甲」都可以是真確的，那便沒可能有知識，因為我們缺少了最基本的對真理的驗證，結果淪為甚麼都無所謂了。[63]

智慧源自上天：超乎網際空間

蒲思曼和伯克斯都承認基督教傳統中，有著重大歷史意義的宣稱：我們可以使心靈對真義感興趣，因為道成了肉身的耶穌已經將神向人顯明。[64] 它申明神是恆久不變的，也不會自相矛盾。[65] 它又表明耶穌彰顯了智慧。[66] 而且，這智慧是追尋者可以得到的：「你們中間若有缺少智慧的，應當求那厚賜與眾人，也不斥責人的神，〔主〕就必賜給他。」[67]

對基督徒來說，縱向面並不僅僅是概念而已，它是一個活生生的現實，因為神藉著基督降到橫向面來；基督「本有神的形象，不以自己與神同等為強奪的；反倒虛己，取了奴僕的形象，成為人的樣式。」[68] 基督成為了奴僕，此舉轉而成了我們的智慧和理解，因為神已經「藉著祂兒子曉諭我們，又早已立祂為承受萬有的。」[69] 那位藉著祂兒子說話的神，同樣透過祂的書面話語從上頭說出智慧之言，正如希伯來書作者所解釋：

> 神的道是活潑的，是有功效的，比一切兩刃的劍更快，甚至魂與靈，骨節與骨髓，都能刺入、剖開，連心中的思念和主意都能辨明。並且被造的沒有一樣在祂面前不顯然的；原來萬物在那與我們有關係的主眼前，都是赤露敞開的。[70]

在神全知的眼前過生活，並且專注於祂有力的話語，是惟一的方法，對抗真理的淪亡、意義的流失，以及網際空間提供的各種令人神魂顛倒的消遣。心靈只能在含有豐富真理的空氣中茁壯成長，而真理則只會由忠於真理要求的人去傳遞。正如魏爾所說：「我們沒可能有機會滿足一個民族對真理的需求，除非能夠為這個目標找到熱愛真理的人。」[71]

註釋：

1. Blaise Pascal, *Pensées*, trans. A. J. Krailsheimer (New York: Penguin Books, 1966), 739/864, p. 256.
2. 同上，119/423, 頁60。有關這個課題，參箴八章。
3. 同上，176/261, 頁84。
4. C. .S. Lewis, *The Screwtape Letters* (New York: Macmillan, 1982), 8.
5. 同上。
6. Simone Weil, *The Need for Roots*, trans. Arthur /wills (Boston: Beacon Press, 1952), 37.
7. 參Stephen Talbot, *The Future Does Not Compute: Transcending the Machines in our Midst* (Sebastopol, CA: O'eilly and Associates, 1995), 211。
8. 約十八37。
9. Francis Bacon, *The Essays*, ed. John Pitcher (New York: Penguin Books, 1985), 61.
10. 約十四6。
11. 參Winfried Corduan, *Reasonable Faith: Basic Christian Apologetics* (Nashville, TN: Broadman & Holman, 1993)，特別是第二章，為真理相符觀及基督教是真實的作出辯護。
12. Jean Baudrillard, *Simulacra and Simulation*, trans. Sheila Faria Glaser (Ann Arbor, MI: University of Michigan Press, 1994), 79.
13. Neil Postman, *Technopoly: The Surrender of Culture to Technology* (New York: Alfred A. Knopf, 1992), 70.
14. Pascal, 723/69, p. 251.
15. Jeremy Rifkin 在 *Time Wars: The Primary Conflict in Human History* (New York: Simon and Schuster, 1987) 裏以一些頗為有趣的方式探討這個題目。
16. Michael Heim, *The Metaphysics of Virtual Reality* (New York: Oxford University Press, 1994), 10.
17. Jacques Ellul, *The Technological Bluff* (Grand Rapids, MI: Eerdmans, 1990), 330.
18. Michael Meyer, "Meaning of Life," *Virtual City*, Spring 1996, 80.
19. Pascal, 414/171, 頁148.
20. 同上，24/127, 頁36。
21. 同上，620/146, 頁235。
22. 同上，132/170, 頁66。

23.同上。

24.同上，166/183, p. 82。

25.同上，70/165b.

26.T. S. Eliot, *Murder in the Cathedral* (New York, NY: Harcourt, Brace, and World, 1963), 69.

27.Pascal, 148/429, p. 75.

28.Simone Weil, *Gravity and Grace*, trans. Emma Craufurd (New York: Routledge, 1992), 10.

29.傳三11。

30.Pascal, 641/129, p. 238.

31.有關互聯網之使用可導致上癮的觀點，參Marilyn Elias, "Net Overuse Called "True Addiction," *USA Today*, 1 July 1996。

32.Mark Slouka, *War of the Worlds: Cyberspace and the Hi-Tech Assault on Reality* (New York: Basic Books, 1995), 48.

33.Steven Daly and Nathaniel Wice, *alt.culture: an a-to-z guide to the '90s — underground, online, and over the counter* (New York: HarperPerennial, 1995), 154.

34.在Karen Coyle, "How Hard Can It Be?" *Working Women*, June 1996裏引述；書籍摘錄，無頁數。

35.在Marc Laidlaw, "The Egos at Id," *Wired*, August 1996, 186引述。

36.Allucquere Rosanne Stone, *The War of Desire and Technology at the Close of the Mechanical Age* (Cambridge, MA: The MIT Press, 1995), 27.

37.Pascal, 551/84, 220. 有關基督教世界觀中想像力之重要的討論，參Francis A. Schaeffer, *He is There, He is Not Silent* (Wheaton, IL: Tyndale House, 1972), 85～87。

38.同上，152/213, p. 81。筆者稍為改動了譯本，令意思清晰易明一點。

39.Alvin and Heidi Toffler, *Creating a New Civilization: The Politics of the Third Wave* (Atlanta, GA: Turner Publishing, 1995), 36；強調語氣為本書作者所加上。

40.有關這方面的問題，參Theodore Roszak, *The Cult of Information: A New-Luddite Treatise on Hi-Tech, Artificial Intelligence, and the True Art of Thinking*, revised edition (Berkeley, CA: University of California Press, 1994), 3～6。

41.有關這方面，參Clifford Stoll, *Silicon Snake Oil: Second Thoughts on the Information Highway* (New York: Doubleday, 1995), 191～196。

42.Erik Ness, "The Fate of Fiction in the Electronic Age", *Isthmus* 12 January 1996, 22.

43. Aleksandr I. Solzhenitsyn, *A World Split Apart*, trans. Irina Ilovayskaya Alberti (New York: Harper and Row, 1978), 25, 27.

44. 提前六20。

45. Jean Baudrillard, *The Transparency of Evil*, trans. James Benedict (New York: Verso, 1993), 12～13.

46. Baudrillard, *Simulacra and Simulation*, 1.

47. 同上，頁2。

48. 參同上，頁159～164。

49. Roszak，37.

50. Postman, 60.

51. 林前八1。

52. 參弗四15。

53. Talbot, 111.

54. Postman, 80.

55. 同上，頁79。

56. 同上，頁78。

57. Sven Birkerts, *Gutenberg Elegies: The Fate of Reading in an Electronic Age* (Boston: Faber and Faber, 1994), 75.

58. 同上，頁228。

59. 同上，頁212。

60. 同上。

61. Neil Postman, *The End of Education: Redefining the Value of School* (New York: Alfred A. Knopf, 1995), 69～70. 蒲思曼擔心的是考慮不周的教條主義，不過他似乎已經排除了這些反覆出現的問題會有最終的答案。

62. 同上，頁11, 57,107。

63. 有關這方面，參R. C. Sproul, *Not a Chance: The Myth of Chance in Modern Science and Cosmology* (Grand Rapids, MI: Baker Books, 1994), 72～75。有關正確的邏輯對構思世界觀之重要，參Ronald Nash, *Worldviews in Conflict: Choosing Christianity in a World of Ideas* (Grand Rapids, MI: Zondervan, 1992), 55～57, 80～84, 93～106, 140～43。

64. 約一9。

65. 來六8。

66. 西二3。

67. 雅一5；另參箴二1～10。

68.腓二6～7。

69.來一2。

70.來四12～13。

71.Weil, 40.

第六章

網際性交：不涉軀體的性行為

二千年末的美國文化，在性方面瀕臨瘋狂狀態。至少，在性方面已是荒淫邪蕩、糊塗慌亂，也無力在性行為這事情劃上明智的道德界限或者留在特定的界限之內。性事(Sexuality)被視為是一種權利，可隨自己喜好行使，而不是神聖的信賴，應該以心靈的最大利益為依歸來用智慧管理。克制是文明的代價，而我們正在甩掉克制。今天美國在性方面的景象展現出一種殘酷的邏輯，見諸一句可敬的拉丁文警語*corruptio optimi pessima*(沒有甚麼比最好的東西腐化了更加使人難過)[1]。換句話説，升得愈高，跌得也會更低。

性行為的親密關係紮根於神美好的創造，是由神設立的，為的是讓一男一女在一個信任、忠貞和愛的盟約裏面快樂地結合，也是為了人類家庭的延續。當性取態從神照管的框架擘出來時，碎片四面八方亂飛，會傷及心靈、肉體、社會。切斯特頓凸顯了這一點：

> 當性再也不是做僕人的那一刻，它就變成了暴君。不管是甚麼原因，它在人性裏的位置總有那麼一點點的

> 危險和不合比例，而且它實在需要一種特殊的淨化與忠誠。現代人說：性就好像其他感官一樣自由，身體好像任何一棵樹一朵花一般的美麗。這話若不是一幅伊甸園的素描，就是一篇蹩腳的心理學說。[2]

性失控

今天很多人在性方面已經離開原位、不辨方向，甚至徹底垮掉，這都是給一篇非常蹩腳的心理學說所害的。這種性移位在文化的園地上隨處可見。自1960年以來，婚外生子已飆升逾四百倍。[3] 有人估計，至2000年，在美國誕生的嬰兒將會有四成是私生子，[4] 今時今日的美國已有差不多三千萬人的生命因墮胎而遭毀滅，每四個懷孕的便有一個墮胎。[5] 自1960年以來，離婚率已倍增有餘，[6] 而美國的離婚率更高踞全球之冠。[7]

緊隨著離婚的蔓延，自1960年以來，單親家庭的百分比也躍增了三倍。[8] 家庭磨損導致很多出身破碎家庭的兒童的心靈嚴重受損。這些兒童，與出身安定的家庭的兒童相比，更有可能做出自毀的行為，例如讀書成績不及格、十來歲便懷孕、自殺、濫用藥物、犯刑事罪行等。[9] 少年罪行的驚人浪潮預計將會惡化。[10] 性傳染病猖獗。愛滋病(AIDS)如判人死刑般，在性場合引起恐慌，人人都爭相靠賴科技進行「安全性行為」(safe sex)，卻不肯受既有的標準所蘊含的道德所約束。

在這個性放縱大漩流之中，更傾注了潛在於網際空間的發展色情事業的可能性。我們說過，網際空間是個媒體，塑造所有入侵我們心靈的信息。它的前景非常燦爛，所帶來的危險(通常都是看不見的)也巨大。在數碼世界中，脫離軀體的存在將我們與其他人連結起來，但是要把我們的物質性留在熒幕後面才行。娛樂征服了我們的感官，現實的擬象又遮蔽了現實本體，真理本身也就變得無從捉摸。當一個在性方面不受束縛的文化，進到網際空間的資料流程(data-flow)裏，會有甚麼事發生呢？

在一個與伊甸園疏遠了的世界裏，性生活在理應旺盛之處疲不能興，但在不應打擾之處卻硬闖而進。在網際空間，性關係的出沒並不具備真實軀體的細節——空間、視覺、嗅覺、觸覺等方面——的近距離接觸。在這一點，我們看到一個異常情況，就是為求找到一個代替皮膚的矽產品，實質的性欲必須以數碼形式非物質化和被分解。是甚麼推動這種新模式的離體性交(disembodied sex)呢？

無肌膚之親的性

首先，當性行為的親密與誓盟上的責任分隔愈來愈遠之時，它就會慢慢淪為滿足一己性欲的追求，也不管用的是甚麼方法。活地亞倫(Woody Allen)那套未來派幽默諷刺電影《傻瓜大鬧科學城》(*Sleeper*)裏，有個專提供性樂趣的女總管，她在戲裏面的虛擬性交小房間替個別人士提供性高潮。達里指這個意念「一路潛藏於網際空間表象之下」。[11] 保羅譴責有些人以「神就是自己的肚腹」的時候，我心裏想到的也是非常接近這個說法。[12]

其次，對性刺激的渴求愈大，性濫交的後果就變得愈是嚴重。在一個充斥著愛滋病、性病、不想要的懷孕的世界裏，最終極的預防措施可能就是脫離軀體，「一切調情浪蕩舉動都在虛擬世界中進行。」[13] 要滿足到性欲的無邊渴求，利用我們嬌嫩易損之軀不一定是最佳的模式，因為肉體很容易由於過分的縱容而敗壞。但在網際空間，肉欲找到幾種超越身體、但同時又糟蹋心靈的方法。

那些在「文字性交」(text-sex) 網頁上幽會的人，進入各式各樣的「交談室」去互相聯絡。在那兒，不同的參與者的信息，以及積累下來的「張貼」，全都一起出現於熒幕上。這些交談室的名稱可以是「浪漫聯繫」、「媚蕩晨衣」、「同志室」、「頑皮少女」、「服從女人的女人」等。[14] 雖然我從未登幕造訪過文字性交室，但是我涉足過的一個交談室正朝著那個方向走；當時我正試圖在一個步伐快速的討論板上為一夫一妻制辯護。然而，我看到一個無端張貼的猥褻信息之後，就避之則吉了。誰也不曉得我速速離開之後，跟著有甚麼事發生。

由於這些交談室在某些連線服務是有「導軌」(guides) 巡邏的，所以那些想獲得更露骨的情欲滿足的人，會利用一個只容許在熒幕上單對單、私下交往的「私人信息」指令，尋找能惹起他們遐思的參與者。文字性交之變化多端，有若參與者的情欲幻想和寫作技巧一樣紛繁，真實世界的性接觸每一方面都一一用文字在熒幕上描繪出來。達里敍述在一次約會中，有個「線上妓女」向某人提出，只要他向她(還是他？)供應一套盜版電腦遊戲，便跟他作文字性交。[15] 他又報道，有些網際太空人為了加強文字的刺激作用，附加親身伴演，就單手打字。[16] 為了提升處境的狀況，參與者還互相下載對方的照片，協助幻想。[17] 這些肖像據稱是參與者的樣貌，不過誰曉得是真的？

那類邂逅並不僅限於單對單的情況。第一章討論過的 MUDs 和 MOOs 的虛擬環境，也可以用作性遊樂場，或者戰場。達里留意到：「愈來愈多看到，不受約束的性欲正入侵這些托爾金式 (Tolkienesque) 世界的劍與魔法劇情。」[18] 這些網際幻想往往包含「網絡・低俗化」(net.sleazing)。科學作家藍戈德(Howard Rheingold)形容「網絡・低俗化」是「肆意勾搭人以敍事形式令彼此亢奮的行為」，那是「在MUD樂園中一種缺德但是又長年備受歡迎的行為」。[19] 他又聲稱雖然並非全部都是如此，但的確有「一些MUDs裏面的主要實況，簡直是縱欲狂歡的場景。」[20] 不過情況看來日益不堪，正如有虛擬妓女的存在，虛擬強姦也時有發生，可能將會牽起一個虛擬罪行浪潮也未可料。

虛擬性虐待

涂爾篙解釋說，如果一名玩MUD的人設計出一套方法，以文字擁有另一個角色，而自己則好比是那個角色的線上腹語表演者，那麼虛擬強姦就有機會發生。那個作惡者就成為惟一一個打出信息的人，既指使自己的角色，也指使在正常情況下由另外一個人扮演的角色。另一端的真實世界對手坐在熒幕前，看著自己在熒幕上的角色屈從於一些非由自己發動、也沒有同意進行的性行為，就大為驚訝，繼而非常反感。[21] 她對自己在線上的人物角色的控制權已經被另一個線上人物角色奪去，而那人是個好色之徒。女權運動主義文化評論員鮑善模(Anne Balsamo)表示：「電腦熒幕所提供的隱名機會，容許人乘機做出反社會行為，例如……MUD強姦罪行(在一個多人使用區域內發生一個不想有的、攻擊型的、性文字邂逅)。」[22]

再沒有甚麼東西比用科技創製的虛擬環境更古怪，它讓模擬的人物角色居住其中，該等人物角色想方設法強姦對方，也不管對方同意與否。甚至更超現實——或超真實——的是，那些嘗試釐定這一切是合乎道德的討論。涂爾篙認為：「在MUD玩家經常張貼的討論表列、電子布告欄、新聞羣組上，

MUD 強姦罪行與暴力這問題已成為焦點話題。」[23] 爭議在於這行為是否真實得足以被指為犯錯，或者超真實得足以被視為可以容許；兩邊都參與爭論的人作出猛烈的抨擊，同時，「虛擬通姦」也引起同樣的爭議，這是真的表示不忠嗎？畢竟，甚麼也沒接觸過。不管箇中蘊藏著幾許性激情，這也不過是一場遊戲而已，是嗎？

為網際性交不是真實的事的辯護，因為一名叫狄寶兒(Julian Dibbell)的資深線上人的自白而變得複雜：

> 網上性交(Netsex)可能是 MUDs 那個非常迷人的世界所能提供最興奮的經驗。處於迷惑，甚至是粗淺的描繪〔性行為〕當中，腺狀組織會脹大，往往像現實生活幽會時一樣抽動——有時甚至更甚，因為隱名與挑逗字句結合的威力，令深藏的幻想解除羈絆。[24]

在一次線上訪問中，涂爾篙回答一條關於虛擬通姦的問題時說：有些夫婦認為這類婚外實驗是自然的事，因為已婚伴侶「會繼續對其他人存有性方面的好奇心」，而且這「是一種可以說是無害的解決方法」。但是也有人覺得被出賣，因為親密的感情與言語是那麼緊緊地相連，而那又正是網上婚外情所繫的。涂爾篙的忠告似乎有點相對論的味道：「這個網際性交問題是夫婦間真的需要一起商量解決的事，而不同的人會作出很不一樣的決定。」[25] 鑒於目前離婚率高企，我們或會質疑她的建議是否智慧之言。

在作出一些與相對論性質較低的回應之前，我們需要多估量三個網際性交形態：虛擬實境中的性交、線上色情物品、色情唯讀光碟。

虛擬實境中的性交

虛擬實境一詞有時廣泛地用來指任何有關網際空間的通訊或經歷。專門一點而言，它是指利用科技代替正常感官運作，使人的感官陷入人造的虛假環境之中。人可以戴上一個頭盔或者一件頭戴式的顯示器，上面有兩個由電腦驅動的熒幕，製造出一種立體效果。人又可以配戴資料感應手套，操控自己在虛擬世界裏的航程。

虛擬實境科技可以有很多不同應用方式(在醫療、科學實驗等等)，但是模擬的界限仍是未知之謎。從光明面看，虛擬實境治療一直都有用來幫助那些患某些恐懼症的人，譬如患畏高症的人。[26] 然而，過不了多久，熱衷網際空間的人卻在研究不折不扣的色情行為的可能性。大受歡迎的恐怖科幻電影《異度空間》，有一幕觸發了不少人的想像力。祖伯經虛擬實境治療及藥療之後，從笨蛋一名變成天才。他將科技置於一種較富享樂主義性質的用途，就是跟女友各自跳進資料衣裏去經歷離體但銷魂的超性交(hypersex)。達里形容那一幕說：「在網際空間，他們看來好像面目模糊、多變的生物，他們的臉漂在一起又慢慢滲開，形成一種溶解身體界限的神祕親密交流。」[27]

藍戈德幻想一套全身的「聰明衣」，能記錄身體的所有外在反應，並轉換為數碼資料，然後透過電話線傳送，由他的穿著聰明衣的伴侶接收，然後她又轉過來向他輸出自己的性資料。[28] 藍戈德頗為雀躍地將這宗幻想詳細地加以闡述：

> 來！幻想你把自己的整個聲音、視覺、觸覺的電傳臨場系統(telepresence system)插進電話網絡中，你自己的身體和你伴侶的身體栩栩如生地出現在你眼前，但

> 那全都是人為的視覺影象而已。你可以在不同的網際空間找到一個、一打、一千個伴侶，全都不外乎一個電話號碼之遙，只視乎你撥甚麼號碼、曉得哪一個密碼、願意付多少錢(或交換甚麼或做些甚麼)。[29]

這種情況雖然使人吃驚，但是背後的概念卻是要準確地模擬不在場伴侶的反應，從而創製一個新的虛擬環境。(這是虛擬存在與實質不在場的一個特別奇特的結合，因為被模擬的感知功能多得很。)

上文剛剛描述的虛擬實境性交，目標是要逼真，即栩栩如生，人可以在熒幕上模擬自己的真身。這個模式本身並不存在欺騙，只是模擬。然而，網際空間理論家們已經走得很遠，遠遠超出這些到目前為止仍未存在的網際性交技術範疇之外。既然伴侶二人並非實實在在的伴隨彼此左右，欺詐就有可能發生，而且不可排除這個可能性。在網際空間的另一邊，穿著聰明衣的那一位究竟是誰，或者是甚麼？能起作用的模擬層次有兩個，離現實也隔了兩重。頭一層次的模擬是虛擬性(virtuality)本身，第二個層次是假冒另一邊那個假想伴侶。這使人想到猶大書形容的假教師，他們像「秋天沒有果子的樹，死而又死。」[30]

達里推測，擬象可以像色情幻想一般無遠弗屆。人可以美化自己的虛擬外觀，就是刪減歲月留痕，加強性方面的一些天賦條件。除了門面工夫外，參與者更可以改換性別，甚至製造一個乖張得難以形容的新混合體。[31] 有些人預見，虛擬性交的虛擬對象可以是沒有個人身分，卻擁有性吸引力的物體，譬如去世多年但照片隨處可見的瑪麗蓮夢露(Marilyn Monroe)。這些性幽靈是利用照片、影音記錄和動畫技術，透過電腦製作而成的。那個擬象被投入性外衣(sex-suit)裏；穿著性外衣的人自願與一個穿著(虛擬)人體的色情的非實在物(nonentity)作出假親密行為。這大可稱之為一宗高科技、無觸摸、低生命的個案。

借用布希亞的術語，這是超真實世界(hyperreality)的一個例子——如果有的話，一切都只是影象，而所指的對象並不存在。這或許預示了超真實性行為是有可能達到的。文化評論員薄勒特(Guy Ballard)在1970年的一個訪問中之預測，或許捕捉了不少人的心態：

> 我相信有機的性交——身體對身體，皮膚對皮膚——愈來愈不再可能，原因只不過是，凡要使我們感到有意義的事情，就必須按照媒體環境的價值觀與經驗去發生。

虛擬沃萊麗

多媒體唯讀光碟大量生產，給不涉個人關係的「互動」的性行為提供了另一個可能性。色情的錄象片段、文字、動畫、硬照，都收入各種場境之中，讓參與者自訂進度，靠點擊穿越形形式式的淫褻場景來調配事態的發展。這個類型的唯讀光碟最暢銷的是「虛擬沃萊麗」(Virtual Valerie)，它自1990年起已在市面上出售。這個平台的互動作用的目標是誘姦沃萊麗，而實際上那已經是保證百發百中的了。[33]

虛擬沃萊麗有幾個競爭對手，包括一個叫唐娜矩陣(Donna Matrix)的角色——一個「二十一世紀玩樂機械人」(21st century Pleasure Droid)，它號稱是「麥當娜(Madonna)與阿諾舒華辛力加(Arnold Schwarzenegger)的混合體。」我們再一次看到與現實雙重隔離的現象。唐娜矩陣的影象是非人類的影象——一個「仿製機械人」(droid 或 android)；這是模擬一個沒有來歷的擬象。布希亞的「模擬紀元」已經來臨，緊隨的是「一切供參考用的都清洗掉」。這「不再是個仿效的問題，也不是複製的問題，甚至不是個模擬的問題，而是一個在於用實體的體徵來代替實體的問題。」[35]

另外一則廣告則毫不留情地大賣色情，這必須原文直錄才能置信（並加以譴責）。

> 如今閣下可以擁有自己但有商標的女友(Own GIRLFRIEND™)……深居閣下電腦裏面的性感尤物！……閣下可以觀賞她、和她傾談、問她問題、跟她建立關係。有過百幅實實在在的VGA(影象圖形陣列)照片供閣下覽閱，閣下可隨意命她穿戴不同衣裳，又可引導她進入不同的性行為……她會記得閣下的姓名，以及閣下的喜惡。[36]

女性主義評論員柯素珊(Susan Coyle)指「這是吹大了的塑膠洋娃娃之『人工智能』(artificial intelligence)版本。一段不會波及另一個人的全面關係。」電腦成為了「女人也做不到的那個沒有靈魂的伴侶——既順服又絕無異議。」[37]

造就這一類遊戲市場的原因並不僅僅是一點點的厭女症。有些男人夢寐以求擁有一個沒有主見、沒有自己生活的女子，而這類遊戲實際上給了他們一個完滿的解決辦法。我們應該同情這些男人，他們寂寞絕望到要玩虛擬關係的性遊戲，但是我們也應該譴責這種在家中沒有對象在場的時候，進行性「互動遊戲」的放蕩淫逸行為。

線上色情物品

經過這一趟就網際性交種種可能性而作的簡短巡禮，或許會替弗洛伊德(Freud)的變態反常行為觀，帶來全新的科技意義。反常行為可以用網際空間做媒體而變形(套用流行電腦術語)，變出多種形態來。相對而言，簡簡單單地透過互聯網傳輸色情影象，就似乎是頗為馴良的做法了。但是這(不像虛擬實境性交)已經在網上廣為流傳，引起激烈的辯論，也促使國家立法。

《時代周刊》(*Time*) 1995年7月3日那一期的封面，把「網際色情事業」(cyberporn)送到國民眼前。封面上一名約六歲大的小孩，驚愕地坐在電腦鍵盤前，雙眼瞪大，臉龐被畫面以外的熒幕照射得陰森森的。該篇文章激發了極大的爭論，特別是關於文中提及卡尼基梅隆大學所做的一項歷時十八個月的研究，聲稱儲藏在使用者網絡新聞羣組的數碼化影象中，色情影象佔了83.5%，而且需求甚殷的都是戀童癖、獸姦、施虐受虐狂等令人作嘔的影象。[38]《紐約時報》(*New York Times*)有篇文章質疑該項研究，說它是個「設計得很差的調查，結論重點……並沒有得到所採用的研究方法證實。」[39] 對之表示質疑的還有其他人。[40]

不管色情影象的百分比其實是多少，我們這個性狂熱文化在線上販賣色情，實非意外。《有線》雜誌報道：「互聯網總目錄GNN首選(Whole Internet Catalogue's GNN Select)之十個最多人存取的連結」之中，有七個本質上與性有關。[41] 最近一期《地下互聯網》在當眼的篇幅刊登的廣告，都是一些充斥著性誘惑的網頁，如：供人觀看真人脫衣表演、存取「拜物電影」、跟頂尖「色情電影明星」你來我往等。[42] 另一個網址販賣的則是「火辣辣照片」和「色情藝術史」。[43]

也不用說線上色情物品是多麼的普遍了，與還未有網際空間的日子相比，取閱色情物品的程序就已經簡單得多；那時有觀淫癖的人，必須走到開在現實世界眾目睽睽之下的色情商店去購買。當色情物品在熒幕上可以隨時存取的時候，那種害怕被揭穿的恐懼感已經差不多完全消失。這些網際色情網址據稱是「只為成年人而設的」，不過考慮到網際空間既不用記名也充滿欺詐的可能，大膽的年輕人是可以，而且真的進入那些網址。

《地下互聯網》有篇用假名「鞭打大師」(the Flogmaster) 投稿的自白，不幸地凸顯了這種存取之輕而易舉。這人享用網際空間向他提供的機會，進行施虐受虐狂式(當然，他從來沒有用到這個形容詞) 幻想：「內疚地隱藏多年之後，我終於成為一個匿名社羣的成員，可以將一些不可能在其他場地說出來的興趣與祕密公諸同好。」[44] 留意他的古怪措詞：「公諸同好」的「匿名社羣」。這個可憐的人感到如釋重負，終於可以不存內疚、無拘無束地放縱自己的變態情欲；然而惟一可以做到的「社羣」必須是匿名的。真是多謝線上「社羣」，使他的自欺升到了新高。

政界為了應否將〔在網上〕發放色情物品定為刑事罪行而激烈辯論。在本書撰寫期間，有人要求法庭判1996年訂定的電訊條例無效，因為該條例禁止人向未成年人士發放猥褻物品，而被指違反了修正法案第一條。網際意志自由論者 (Cyberlibertarians) 希望得到無管制的線上「言論自由」，另一些人則認為色情物品有害，理應受管制。

不管電訊條例前景如何，網際色情販賣者 (cyber-pornographers) 間中也有遭到根據現行法例檢控。湯馬斯 (Robert Thomas) 在加州米必達斯 (Milpitas) 經營「業餘人士行動電子布告欄服務」(Amateur Action Bulletin Board Service),因在互聯網上向付錢的客戶寄出女人獸交的影象而被定罪。湯馬斯有二萬五千張性變態照片的存貨,他和妻子便售賣該等色情影象,他們於1994年掙了八十萬美元。他被判入獄三年——大概不會有使用數據機的優待吧。[45] 不過,湯馬斯倒希望他這案子能上訴至最高法院去。

赫芬彤(Arianna Huffington)在報章專欄裏正確地指出:問題「遠遠超出了猥褻的範圍,而已降到野蠻粗鄙之境」,因為網際空間提供的猥褻影象所刻畫的,有侵犯兒童、獸姦、施虐受虐狂等,還教人怎樣從殺害兒童中享受到性樂趣。[46] 即使已有針對網際色情物品而設的謹慎的限制規定(我對此鼎力支持),實際上仍然是難以實施。儘管如此,該等禁令還是為褒揚莊重得體的行為作出了嚴正的宣示。

既然網際空間不可能很有效率地監督自己,我們就要為自己和家人找一些把關者。市面上有一些技術可以保護兒童免受不合宜資料所害——比如網際保姆(Cybersitter)、瀏覽監察器(Surfwatch)、網上保姆(Net Nanny)、網際巡邏員(Cyber Patrol)等程式。當然,我們不可能期望電腦程式做得到負責任的父母所做的。兒童內心需要有一套世界觀和鑒別準則,成為他們心中的迴轉儀,不論面對任何誘惑,都能保持航向不變。這主要是與父母和家人面對面交往時學回來的。然而,愛自己的孩子就包括了在他們成熟到可以自己作出聰明的決定之前,保護他們不受壞影響所害。

網際性交道出的心靈面貌

如果我們期望能夠應付改變的浪潮,就一定要明白網際性交的文化意義。網際性交形態繁多,卻諷刺地結合了諾斯底主義之貪戀脱離軀體，而極之現世地縱情於肉欲中；肉體欲望所尋求的，是那些不受累贅的肉身所妨礙的滿足。故此網際性交結合了這異教信仰的兩大特色，就是追求透過神祕經歷而超越物質世界，以及崇拜性活力。這種不穩固的聯盟一方面排斥身體，另一方面將強烈的性欲神化，它陷熱衷網際性交的人於一個不可藥救的自相矛盾動態當中。如聖經所説：他們「敬拜事奉受造之物，不敬奉那造物的主」[47]，同時又貶低物質世界的價值。[48]

人們高舉創造的一方面——性欲，卻又將它與其他現實和神自己割離，結果是貶低了他們所敬拜的。這是所有偶像崇拜反復出現的模式，就是模擬的神靈不是神，因此無力滿足製造它們的那些愚昧無知的人的最深屬靈願望。先知耶利米對這等事認識透徹：「人豈可為自己製造神呢？其實這不是神。」[49] 他們「隨從虛無的神，自己成為虛妄的。」[50] 雖然科技變幻莫測，但偶像崇拜的推動力卻一直如此，沒有變樣。

倘若我們文化的性交習慣已屆失控地步，那麼將它們彈射進網際空間，大概也不會為這個處境帶來甚麼秩序和慎重的態度。網際空間向我們招手，在一個充滿刺激、擬象和引誘的人工世界裏試這試那，而不是學習如何做個擁有性身分的具體的人，過著負責任的生活。網際性交相當於在性事上玩「空氣結他」(air guitar)——多多姿勢、激情和做作……但沒有音樂。

海姆看到「電腦網絡完全不考慮參與者的實質存在，不是省略了就是模擬肉體的實感。…… 我們心裏想顯示自己多少，暫代軀體就只能顯示多少。它欠缺我們的基本身分那容易受攻擊、容易破碎的性質。那個暫代的自我永遠不能完完全全代表我們。我們愈是誤以為網際身體就是自己本人，那機器就愈將我們扭曲為我們所穿戴著的假體。」[51]

海姆的觀察直接適用於我們討論過的種種性姿態。人成為了「自己所穿戴著的假體」，人的身分也隨之迷失了方向。在線上偽裝的性身分，很容易會漸漸滲入到真實世界來。有些人認為線上性交只不過是「一場遊戲」而掉以輕心。我們的思想塑造著我們的行為，而過度刺激的幻想是日常生活中一個強勁的推動力。幻想就好像我們每一個官能一樣，都必須受到那善良的、真實的、美麗的管教和指導。這在性方面尤其關鍵重要，因為管理自己的思想是智慧不可缺少的一環。

這類批評是不適用於那些負責任地使用電子郵件、交談室或電子布告欄，從而展開一些交誼、一些不會到終端機就終止或漸漸變得不顧後果的關係的人。大家都聽過一些故事，說有些人在線上彼此連接上(我無法令自己說「遇上」)，用文字發展出一段較為深入的關係，最後面對面相見，期望能共譜浪漫戀曲。在這等情況裏面，網際空間並沒有取代有血有肉的具體真實生活，而又起到一些作用。

正如人曾經透過書信培養出一段一段的浪漫史，透過網際空間作出追求也是合情合理的事，只要虛擬性沒有代替了或者篡奪了真實性便可。對於一些面談時會感到侷促不安或害羞的人，在線上用文字交談可以為將來真人相會作好熱身準備。《時代周刊》曾報道有個名叫馬殊(Dave Marsh)的保守男子，花了四年時間與一個叫奧德麗(Audrey)的女子在線上通信。他說：「儘管我是你所遇見過最私隱的人，但是〔在線上〕我也即時放鬆了戒備。」於1993年，即馬殊與奧德麗面對面相見了兩年之後，兩人結為夫婦。[52]

性：福音書的「是」與「不是」

「虛擬強姦」、「虛擬通姦」、「虛擬賣淫」等個案，屬於一個與網際空間「筆友」截然不同的類別。假如我們有留心耶穌所說過的話，這些活動之不合乎道德就顯而易見：「你們聽見有話說：『不可姦淫。』只是我告訴你們，凡看見婦女就動淫念的，這人心裏已經與她犯姦淫了。」[53] 網際空間脫離軀體的性交活動，比較耶穌說及的個人獨自幻想那種活動，更接近肉體上的性交。我們所用感官的領域會更廣、投入得更深，而且(最少在一些情況中)還有另外一個人積極地參與，儘管那人並不是實際在場。兼且，人在真實生活中還會猶疑膽怯，但在網際空間用假名掩護下，就會放任自己，縱情於不正當的性偏好中。這可以成為一道橋樑，通往日後更多具體的不道德行為。[54]

按照基督所說，自由的精髓是將整個人——心、靈魂、思想——都為著神的愛而獻上。[55] 那些(在網際空間或其他地方)使人心癢難熬的性幻想探索並不尊重神；它將可供其他用途的精力都揮霍掉。那種幻想若是不受管束，就會變成專制的統治者，推翻所有自制能力。這就是帕斯卡稱之為「錯失與虛妄大師」[56] 的原因。雅各進一步闡述保衛想像力的原則：「各人被試探，乃是被自己的私欲牽引誘惑的。私欲既懷了胎，就生出罪來；罪既成長，就生出死來。」[57]

保羅說到自己「將人所有的心意奪回，使他都順服基督」，[58] 心中也存著同樣的想法。在一篇說到管理自己的意識而又名不虛傳的經文中，保羅勉勵我們要認真留意蘊含客觀價值的事物：

> 弟兄們，我還有未盡的話；凡是真實的、可敬的、公義的、清潔的、可愛的、有美名的，若有甚麼德行，若有甚麼稱讚，這些事你們都要思念。你們在我身上

所學習的，所領受的，所聽見的，所看見的，這些事你們都要去行，賜平安的神就必與你們同在。[59]

平安的神所賜的平安，是應許給那些看守自己思想的人；他們不去想情欲上的不道德行為，反而專注於值得不住專心致志的事。箴言勉勵我們：「你要保守你心，勝過保守一切，因為一生的果效是由心發出。」[60] 大衛坦言：「邪僻的事，我都不擺在我眼前。」[61] 鑒於我們輕易便可存取性變態資料，我們若想效法大衛的榜樣，就要制定一些界限，防止自己被牽引進試探中。以我的一名學生為例：他的一位朋友鑒於自己對色情資料缺乏抵抗之力，便囑咐他安裝一個可以封鎖該等資料的電腦程式。他服從了聖經的指令：「逃避試探」，我們也應照著做，不管我們的軟弱是不是他那一種軟弱。

由於我們都傾向於犯罪和屈服於五花八門的試探，「愛世界和世界上的事」，[62] 所以我們一定要學會滿有權威地說「不」，並承認神是生命與性別的創造者，而不是罪的創造者。正如保羅對友人提多所說：「因為神救眾人的恩典已經顯明出來，教訓我們向不敬虔的心和世俗的情欲說『不』〔編按：《和》這句的譯法是『教訓我們除去不敬虔的心和世俗的情欲』〕，在今世自守、公義、敬虔度日。」[63]

當福音書用「不」來表示順服時，總是預示耶穌基督自己說「是」時那更深層的順服。「神的應許，不論有多少，在基督都是『是』的。所以藉著祂也都是『阿們』的，叫神因我們得榮耀。」[64] 瓊斯（E. Stanley Jones）是位多產作家，也是一位在東方宣教成績斐然的宣教士，他對此了解甚深：「基督教的意思是向〔耶穌〕的『是』說是。降服於祂的旨意之下，你就會向祂的『是』說是。整個宇宙都在背後支持著這個『是』。你將以征服者的身分在地上行走，一無所懼。」[65]

向神說是，就是向與單一個伴侶合為一體的說是，向異性愛的排他性說是，並且向忠貞說是。在這些響亮而肯定的回音室內，相應的克制就既是可能的也是稱心的事。以祿回顧自己悠長的婚姻生活，作出這樣的見證：

> 我相信人生中，雖有走下坡和遇挫的時候，但是只有一種愛能對抗浪費時間和自己多類型的欲望。那些掌握不到這種愛或者活不出這種愛的人，是多麼的貧乏和不快樂。……只愛一個人，排他得妙不可言。神說：「我是忌邪的神」(出二十5)〔譯按：『忌邪』也可譯作『嫉妒』〕，就是指著這個而言。這不是因為指神是軟弱的，也不含人類的嫉妒感覺，卻是由於祂的豐滿，萬物全都歸納在祂的豐滿之內。[66]

網際性交的超真實性，從一個扭曲了的科技諾斯底主義式的角度去看，似乎(最少暫時)有種在天堂的感覺，然而，因為這些都已脫離神為受造之物所設的道德模式，所以其實更似地獄。魏爾在一個富啟發性的說話片段中曾這樣說：「有兩個地獄的觀念，一個是一般的觀念，是指不得安慰地受苦；而我的觀念是指假幸福，誤以為自己處於天堂之中的。」[67]這兩個地獄的觀念都是真確的。雖然地獄開始時或許有世上偏離正道(數碼形式或者是其他形式)的狂歡，但對不肯悔改的人來說，地獄並不在那處終止。雖然人或許可以從這個受詛咒的地球所供應的事物中賺到不少，但是在這個交易裏面，人卻失去了自己的靈魂。耶穌提出的那個無可辯駁的問題，應在整個網際空間中反覆回盪：

因為，凡要救自己生命的，必喪掉生命；凡為我喪掉生命的，必得著生命。人若賺得全世界，賠上自己的生命，有甚麼益處呢？人還能拿甚麼換生命呢？[68]

註釋：

1. 譯文出自 Jaroslav Pelikan, *The Melody of Theology: A Philosophical Dictionary* (Cambridge, MA: Harvard University Press, 1988), 2。

2. G. K. Chesterton, *St. Francis of Assisi* (Garden City, NY: Doubleday, 1954), 41.

3. William J. Bennett, *The Index of Leading Cultural Indicators* (New York: Simon and Schuster, 1994), 46.

4. 同上，頁47。

5. 同上，頁68。

6. 同上，頁58。

7. 同上，頁59。

8. 同上，頁50。

9. 同上，頁52～54。

10. 參Ted Guest with Victoria Pope, "Crime Time Bomb," *U. S. News & World Report*, 25 March, 1996, 28～36。

11. Mark Dery, Escape Velocity: *Cyberculture at the End of the Twentieth Century* (New York: Grove Press, 1996), 199.

12. 腓三19。

13. Dery, 199.

14. 同上，頁200。筆者從未到過那些地方，所以要相信達里及其他人所作的描述是真確的。

15. 同上，頁200。

16. 同上，頁200～1。

17. 同上，頁207～8。

18. 同上，頁205。

19. Howard Rheingold, *The Virtual Community* (Reading, MA: Addison-Wesley, 1993), 150.

20. 同上。

21. Sherry Turkle, *Life on Screen: Identity in the Age of Internet* (New York: Simon and Schuster, 1995), 251.

22. Anne Balsamo, "Feminism for the Incurably Informed," *Flame Wars: The Discourse of Cyberculture*, ed. Mark Dery (Durham, NC: Duke University Press, 1994), 139.

23. Turkle, 252.

24. Julian Dibbell, "A Rape in Cyberspace," *Village Voice*, 2 December, 1993, 38; 在Dery, 206引述。

25. 在線上訪問涂爾篙：ìLive with Derek McGinty,î May 2, 1996, at: http://www.discovery.com/DCO/doc/1012/world/tlive/chat5-2-96/logo.html.

26. Susan Margolis, "Virtual Reality Offers New Treatment of Phobias," *One Source*, Spring 1996, 11～12.

27. Dery, 211.

28. Howard Rheingold, *Virtual Reality* (New York: Summit Books, 1991), 346.

29. 同上。

30. 猶12節。

31. 參Dery, 212。保羅所說「因為他們暗中所行的，就是提起來也是可恥的」(弗五12) 適用於這些推測。

32. 引述自*Re/Search* 8/9, 157；在Dery, 192引述。

33. 參Dery, 209～10。

34. 同上，頁210。

35. Jean Baudrillard, *Simulacra and Simulation*, trans. Sheila Faria Glaser (Ann Arbor, MI: The University of Michigan Press, 1994), 2.

36. 引述自Karen Coyle, "How Hard Can it Be?" *Working Woman*, July 1996，無頁數；節錄自Lynn Cheney and Elizabeth Reba Weise, *Wired Women: Gender and New Realities in Cyberspace* (Seattle: Seal Press, 1996)。

37. 同上。

38. Philip Elmer-Dewitt, "Cyberporn," *Time*, 3 July, 1995, 38～39.

39. Peter H. Lewis, "New Concerns Raised Over a Computer Smut Study," *New York Times*, 16 July, 1995, National section，22；引述自Dery, 207。

40. 參Thomas J. DeLoughry,"The 'Data Geeks' of the Internet," *The Chronicle of Higher Education*, 22 March 1996, 21ff。

41. Garreth Branwyn, "Wired Top 10," *Wired*, June 1996, 72. 這張表列於1996年3月12日編製。

42. *Internet Underground*, July 1995, 79.

43. 同上，頁77。

44. The Flogmaster, "About Spanking," *Internet Underground*, June 1996, 68.

45. Wendy Cole, "The Marquis de Cyberspace," *Time*, 3 July 1995, 43.

46. Arianna Huffington, "Cyberspace Porn Diminishes Society," *Rocky Mountain News*, 14 March 1996, 45A.

47. 羅一25。

48.西二23；提前1～4。

49.耶十六20。

50.耶二5。

51.Michael Heim, *The Metaphysics of Virtual Reality* (New York: Oxford University Press, 1994), 100～101.

52.Jill Smolowe, "Intimate Strangers," *Time*, Special Issue: Welcome to Cyberspace, Spring 1995, 21.

53.太五27～28。

54.參Turkle, *Life on the Screen*, 225～6。涂爾篙仍然認為這些牽連並不屬於道德範疇。

55.太二十二37；約八31～32。

56.有關幻想的性變態力量，參Blaise Pascal, *Pensées*, trans. A. J. Krailsheimer (New York: Penguin, 1966), 44/82, p. 38～42。

57.雅一14～15。

58.林後十5。

59.腓書四8～9。

60.箴四23。

61.詩一０一3。

62.約壹二15。

63.多二11～12。

64.林後一20。

65.E. Stanley Jones, *The Divine Yes* (Nashville, TN: Abingdon Press, 1975), 22.

66.Jacques Ellul, *What I Believe* (Grand Rapids, MI: Eerdmans Publishing Company, 1989), 82. 這段出自一篇題為〈一生之愛〉("Life Long Love")的文章，頗多甚有見地之處。

67.Simone Weil, *Gravity and Grace* trans. Emma Craufurd (New York: Routledge, 1992), 72.

68.太十六25～26。

第七章

科技薩滿教：數碼神靈

有一個人名為李爾利（Timothy Leary），他雖已作古，但他在網際空間卻仍然存在。在互聯網，李爾利網站首頁解釋說：「子時剛過，李爾利躺在自己最喜愛的牀上，在親愛的朋友們陪伴之下，安然往生。他的最後遺言是：『為甚麼不？』和『是啊！』」李爾利罹患絕症已有數月，也曾考慮透過全球資訊網即時播放自殺過程。雖然沒有成事，但李爾利繼續讓瀏覽網站的人得悉自己日漸衰弱的情況，又毫無禁忌地從哲學角度加以談論，聲言自己不怕死。於1995年，他表示自己得知患上末期前列腺癌後感到「非常興奮」，還說「怎樣死是一生所做最重要的事。那是離場的一刻。」[1]李爾利的死，如他自己所說，是個「專人設計的死亡」，展覽於網際空間，讓所有人都可上網看到。

李爾利與「X世代」

雖然廣泛地公開他血氣方剛的日子已過去多時，但是這位反正統文化的迷幻專家，仍不斷激起爭論，迷倒見解偏激的人。近年，他已將重點從（一直沒有戒掉的）致幻藥轉移到網際空間的思想擴張的可能性。《紐約時報》報道，李爾利於死前數週內接受了多個訪問，以期「推銷自己的莊園和內裏的設施，來運作他的〔互聯網〕網站。」[2] 我接上他的網站，發覺網站設計成他的家，有圖書室、網際室、他健康的最新消息。我查閱網際室時，讀到：「李爾利已逝。脈搏 = 0、血壓 = 0/0。不過李爾利說自己感覺極之愉快。」

李爾利雖然已經七十多歲，但是一直都是煽動者的他，仍然吸引很多人的注意，其中不但有年事漸邁的「死之華」一族(Grateful Deadheads)，還有X世代的人。他的大名遠播，既達嬉皮士圈子，也觸及電腦黑客(或重疊兩類的人)。X 世代的羅殊戈(Douglas Rushkoff)的離經叛道宣言《網際化：超空間壕溝中的生活》(*Cyberia: Life in the Trenches of Hyperspace*)[3]，主要凸顯的是李爾利。羅殊戈告訴我們，網際人(網際空間較年輕的歸化者)之中，「使用毒品者不用學懂現實是隨意的和可操縱的，或者潛意識的領域其實比正常清醒狀態的意識所暗示的更廣闊」，因為他們已經從李爾利和迷幻作家兼探險家凱塞(Ken Kesey)身上認識了這些東西。[4] 羅殊戈在李爾利的網站首頁上讚揚李爾利說：「李爾利的整個旅程——從迷幻藥到電腦到專人設計的死亡——是要傳達一個事實，就是人有能力主宰自己的腦袋、心、靈。」[5]

李爾利的晚年貢獻全都在帥領人類進軍網際空間；他視網際空間為人類無限量發揮潛能的區域。他相信虛擬實境的經驗和連線通訊能夠起到跟迷幻藥一樣的作用。李爾利將自己在六十年代製訂的著名信條：「調準、接通、退出」，修改為「接通、啟動、插入」，並宣布「PC〔個人電腦〕是九十年代的LSD〔譯按：LSD是麻醉藥物麥角酸二乙胺的簡寫〕。」[6](對李爾利來說，這不是一回取這捨那的事；在1995年線上雜誌

《駁上熱線》(*HotWired*)的訪問裏面，李爾利承認接受訪問前三個月曾吸食LSD。)[7]

李爾利和羅姝戈進一步提出，六十年代的迷幻實驗與對東方宗教的興趣都直接影響了現代電腦與網際空間的發展。據李爾利所說，蘋果電腦(Apple Computer)聯創人翟斯(Steve Jobs)「去過印度，吸食大量LSD，還鑽研佛教」，而微軟聯創人蓋茨則「在哈佛時已是著名的迷幻人」。李爾利解釋：「如果用迷幻藥激活了腦部，就只有透過電子媒體才能描繪箇中感受；這對我來說完全合情合理。」[8] 羅姝戈稱：「迷幻藥在矽谷是已知事實。就好像英特爾(Intel)、斯坦福大學(Stanford)、婚姻制度，或宗教一樣已廣受確認，又早已融入社會的基礎結構。」[9]

網際空間與反正統文化

李爾利與反正統文化精神到現在仍然風行，並不僅是一種逆潮流之舉，或是對嬉皮士時代的緬懷而已。那些以不同形式鼓吹網際空間種種迷幻可能性的人，不少都是六十年代的過來人。除了李爾利，還有白藍特(Stewart Brand)與巴爾羅(John Perry Barlow)。白藍特從前是嬉皮士一名，現在是《全球目錄》(*The Whole Earth Catalogue*)的編輯；巴爾羅則是「死之華樂隊」(Grateful Dead)的作詞人，他透過自己有分創辦的「電子疆界基金會」(Electronic Frontiers Foundation)，毫無保留地鼓吹電腦權利。[10] 不少反正統文化的信念和鑒別力已穿越七十和八十年代，進駐大部分的九十年代網際文化。[11]

雖然六十年代反正統文化的政治反叛和靈性實驗都傾向於抗拒科技——立體聲音響和像 LSD 之類的化學合成毒品除外，不過今天的反正統文化跟隨者則每每將新科技一體化和神祕化，形成一種非唯物主義和非基督教的世界觀。達里這樣總括網際空間科技與迷幻傾向的結合(網際迷幻劑)：「網際迷幻劑(cyberdelia)將六十年代反正統文化的超越主義者的推動力(transcendentalist impulses)與九十年代的資訊狂熱(informania)調和了。同時，它沿途又向七十年代點頭，借用了該年代的新紀元運動所提倡的千禧年神祕主義(millenarian mysticism)。」[12] 網際空間評論員戴偉斯(Erik Davis)作出這個令人無話可說的串連：

> 新紀元元素風行整個後六十年代的灣區文化，為我們所指的網際空間奠下大部分的基礎。一種迷幻的、自助式的靈性直接餵養著加里福尼亞州北部的次文化中較有理想的一羣；聚居該區的有虛擬實境設計師、電腦藝術家、電腦程式員，他們的公開討論板有《全球評論》(*The Whole Earth Review*)、《問答二千》(*Mondo 2000*)、《井》(*the WELL*；一個以素莎麗都〔Sausalito〕為基地的電子布告欄……)等。這些人很多都認為電腦是市面上最新最優秀的工具，有助達到大同新紀元的目標：不惜工本地擴張意識。[13]

羅殊戈在訪問麥肯納(Terence McKenna)信徒韋琳(Britt Welin)的文章中，赫然聳現這種科技的神祕化。麥肯納是李爾利傳統的當然繼承人，他往往傾向於說出一些玄祕而戲劇化的話，例如他說：「我想每個在無聲的漆黑中吃五或六克墨西哥蘑菇的人，大概已與基督和佛陀無異，最少在進食一事上如是。」[14] 韋琳既是一名嗜用迷幻藥的人，又是個網際太空人，她看不出兩者有何矛盾之處。她和跟她志趣相投的配偶都信奉「科技薩滿教」，並且「認為科技本身是個泛靈的動力，逐個電腦滲進去，成為眾電腦頂上面的靈——一個泛靈教的靈，是遠遠超過人類在自己的思想層面上所能理解的。」[15]

韋琳宣稱當「你〔在吸食迷幻藥之後〕融入一個網際空間環境時，就會失去原有的界限，發覺自己全然處於電子環境裏面。」[16] 韋琳的丈夫肯(Ken)，也追求與網際空間融合。他說：「我們的錄象電腦系統設計，可以慢慢將我們送進一個親密的層面上，那時我們可以坦蕩蕩地利用它，而且與它進到一個入定的關係。然後它最終會修成一種好像幽靈一般的存在。」[17]

作家史東描述一個使用電腦的經歷：她用上類似的玄祕字眼，不過就沒有公然直指是與迷幻藥有關。在她開始替那部從垃圾堆中取回來的電腦編寫程式之後，她

> 對那部電腦產生了這種直覺的象徵式連結。連結強勁得很。腦袋速轉起來，我看見星球轉動、原子震顫，我看見用大字寫出來的「心智」。我可以入到這東西的靈魂裏面。我可以向它說話。就是這種感覺，嗯！這裏有個實質的機器，而這裏有個虛擬的機器、抽象的機器。它是個活物，我可以伸手入去感覺它的電路，我可以感覺到密碼是怎樣子的。[18]

史東聲稱曾有這種電子啟蒙的經驗，並且不只她一個。她說「那部機器的互動潛能已經製造了一個新族類，我稱之為**準小伙子**(*quasi guys*)。」[19] 照戴偉斯所說，網際空間那像迷宮一樣的隱密處，加上它深不可測的複雜性與奇異潛質，

「不久就會顯得好像第一班術士們瞥見諸神時所置身的洞穴、湖泊、森林一樣，擁有奇異的感知能力。」[20] 如今我們大可在那些未曾駁線的古代泛靈論者那神聖而玄妙的大自然空間之上，添加已駁線的現代泛靈論者那些神聖而玄妙的網際空間。雖然李爾利和一名合著人曾經為同一個主題大喜若狂，但是他們仍然乞靈於古代的煉金術士：

> 今天的數碼煉金術士們操控的工具之精準和威猛，是他們的前輩無法想像的。電腦熒幕就是魔鏡，按照命令(咒語)顯現出不同程度的、可供選擇的實境。[21]

他們視電腦為達到「神奇法術」(magick) 這個目標的工具。大術士克柔里 (Aleister Crowley) 給「神奇法術」下的定義是：「導致事物的藝術和科學上的改變，是與我們的意志配合的。」[22]

捲土重來——新紀元再萌芽

渴望從人類意識的神聖深處，而生發出新紀元這運動，並不是甚麼新鮮事；那是個古舊的熱望，一種對神、對世界、對自我的玄祕傾向，視那些都是一個終極現實的元素。[23] 在舊有觀念上出現的一個嶄新思維，就是把網際科技 (cybertechnologies) 加進去，以它們為自我發現過程的一個根本輔助設施，或者甚至是新紀元運動本身的表現。有些科技幻想家 (technovisionaries) ——例如巴爾羅——引入法國耶穌會思想家兼古生物學家德日進 (Teilhard de Chardin) 所假設的進化論方案，作為自己觀點的基礎。[24]

德日進看進化論為所有生物的基本分類目錄。他將這個實境模型屬靈化到超越了自然主義，繼而用它來重新闡釋基督教信仰的一切基要教義和象徵。他剔除耶穌將在世界末了之時，會再次臨到世界這記載，而預言將有一個「智域」(noosphere；或稱 mind-sphere) 冒起，這是一個統合的意識層面，而構成整個地球的本質都給神化了。這個智域演化的頂點是Ω點 (Omega Point)——歷史的終結和宇宙進化的高潮。[25]

雖然德日進已於1995年寂靜地去世，而且那是遠在網際空間革命之前，但是不同的思想家都有過這樣的臆測，網際空間很可能就是德日進所預期的智域。德日進本人或許對將來的科技已有雛型的概念。[26] 巴爾羅看出，即使平凡如電子郵件，都預告了一個宇宙性的心智終會到來：

> 眼看著電子郵件來來去去，會令你生起一種神聖的使命感。那是一輪神經元接合絲的發射，橫過正在慢慢進化中的萬聯網那神經系統。再過二至三百年，這個地球上每一個神經元接合絲都會無間地、無縫地與地球上其他接合絲一一相連結，成了龐然的一大團智域。[27]

有一段時期，麥路恆認為通訊科技一般來說已為智域打好了基礎，成為人類神經系統的一個延伸；[28] 然而，他後期卻在寫給哲學家馬里丹 (Jacques Maritain) 的一封信裏摒棄了這個觀念。他寫道：

> 電子資訊環境是絕對的虛無縹緲，而助長人那幻想世界的是個屬靈的東西。如今它是〔基督〕神祕身體一個尚過得去的摹本，實是敵基督一個喧囂的表現。畢竟，這世界的王是個非常高超的電機工程師。[29]

新紀元運動意識研究員兼靈性導師胡絲彤(Jean Houston),[30]最近說她常常利用互聯網與全球各個綠黨(Green parties)對話,兼且玩幻想角色扮演遊戲「地下城與龍」。「那是一次非同凡響的意識匯流,德日進所謂的智域表現得生生不息。」[31]她不像巴爾羅,她無須等待,一切都在面前了。

帶備數據機的薩滿教巫師

這個在網際空間「非同凡響的意識匯流」或許會、或許不會等同於智域,但是許多信奉科技的信徒正接通網際空間,視之為神祕發現、魔術能力、提升進化的領域。凡利用網際空間達到這些目的的,都被稱為「科技薩滿教」。科技薩滿教以種種不同形式展現,它不僅只是三藩市的一種最新流行風尚——儘管那類活動已充塞該市。雖然它不是一個有組織的運動,但是它代表了一個奉網際空間為神明、日漸壯大的文化趨勢。古代部落薩滿教的巫師,是屬靈世界與物質世界的中介人,他自己經歷過玄祕的快感,又向他人傳授基本功,從而與神靈作同樣的交流。[32]科技薩滿教淘汰了中間人——雖然也不是沒有充滿幻想的人、哲學家、程式設計師,並在網際空間向每個擁有數據機的人提供玄祕的連結。人人都可以成為一名(科技)薩滿教巫師。

斯塔(Alexander Star)在《新合眾國》(*New Republic*)一書裏面,有一篇眼光獨到的文章,對這個觀點作出精湛的解釋:「對當前的幻想家來說,虛擬實境和刺激人認知的藥讓使用者能夠『直搗現實的演播室』(套用巴勒斯〔William Burroughs〕的話),解除語言的中介作用,以意志來用具體例子說明新的實境。」[33]科技薩滿教可以用一名異教老手的一句話總結起來:「願靈魂的境界在網際空間得以重生。」[34]

戴偉斯深入討論信奉科技的信徒的一篇文章認為：視巫術為「幻想的科學，也是操控意識和發掘身心連於物質世界的虛擬力量之藝術」的觀念，與「我們這布滿了智慧型自動程式 (intelligent agents)、視覺資料、線上MUDs及MOOs、使人眼花繚亂的數碼世界」，頗有相似的地方。[35] 信奉科技的信徒相信，這些科技可以在數碼時代中充當祕術的聖物，因為他們「尊崇科技為人類生活圈子的一部分，一種在異教徒 (Pagans) 來說已是非凡如神的生活。」[36]

佩斯 (Mark Pesce) 坦承自己是信奉科技的信徒，並聲言「網際空間與巫術空間純粹是幻想的表現。兩種空間都完全是由思想和信仰構造而成的。」[37] 佩斯解釋說：「我認為電腦可以像我們一樣神聖，因為電腦能夠體現我們彼此之間的交流，以及我們與自己在那個空間裏援用的實存物——我們自身的神聖部分——的交流。」[38] 這話顯示出科技薩滿教是集泛神論、泛靈論、多神論於一身的宗教。在佩斯的腦海中，他想像網際空間是「相當於全息術 (holography) 的電腦製圖法，在裏面一個片段的每一部分都代表著更大的整體。」[39] 後來佩斯發覺這相當於因陀羅 (Indra) 網的東方概念，網裏每一件珠寶都反照著所有其他的珠寶。[40] 他認為互聯網之能夠組織無數的電子連接，似乎已經反映了這個看法。不過這個比擬是有缺陷的，因為網際空間裏的每一點並非與其他所有點都連接，更不要說反照了。儘管如此，按伯克斯的說法，這是個嘗試 (雖然拙劣)，企圖援用「透過人類指導而變得超卓的機器所發出的……種種超人本的能力。」[41]

信奉科技的信徒也受到網際性交和性別變體法所吸引。有個叫勒巴 (legba[sic]) 的女子——她是個女巫，以玩網際性交和變體法為樂，因為「可以是極之迷人，是非常非常容易變形的方法。」勒巴把這個比作傳統薩滿教巫師，她說巫師們是「在兩性之間，也可以是雙重性別的。」而且，「變體法與網上性交（net.sex）可以對智域造成一種強烈而不穩定的效果，使狂喜狀態得以形成，而信徒的魔法就是在那個狀態中施行的。」[42]

另一個異教信徒八木永澤（Tyagi Nagasiva），曾經「把自己的玄祕結構、占卜系統、宗教儀式拼湊起來——一種兼收並蓄的靈性，極適合網上複雜的互動文化。」[43] 永澤指的是「混雜魔法」（chaotic magic），參與者不用緊隨祕術傳統，反而可以自製規則，或者索性全都不管，「隨時隨地制定宗教儀式；那些儀式突破了固定思想類型，並引起一些不認識的——而且往往是駭人的——實存物與經歷。」[44] 他聲稱大多數的異教信徒都到線上去統籌真實生活裏的宗教儀式，但混雜魔法師則反過來說：「讓我們在線上履行那個儀式吧！」[45] 永澤每天窩在這個儀式空間中四至六個小時不等。

數碼神靈的問題

科技薩滿教企圖將矽神聖化，在我們手造之物中尋找玄虛。由於電腦科技的影響很奇怪，有時又很奇妙，而且有些人因對於神自己在基督和聖經裏的啟示紮根不深，所以會用自己的方法尋求啟示。[46] 除了神以外，還有甚麼比往網際空間這地方更適合去尋找祂呢？它近若鍵盤，又深奧難明若互聯網。它可以像現有的任何科技一樣引人入勝。其玄祕之處引人探索，其潛能還未被完全通曉。透過其大規模的連接性，它提供一種 *visio dei* ——一種神的眼界，看盡網際空間各範疇的資料。這解釋了電影《異度空間》的主角祖伯抱著熱切期望的原因；祖伯嚐過電腦的威力之後，盼望能與電腦合而為一，好把所有知識都歸收到自己身上。照他所說，他將要成為一個「網際基督」(cyber-Christ)(雖然最後他的行為更酷似一名網際撒但)。海姆的一番話是說得對的：

> 我們與電腦、電腦繪圖、電腦網絡的戀情之深，超過對美色的傾倒，也超過感官的作用。我們正在為思想和心靈尋找歸宿。……世人認為是純正資訊的，不僅迷倒我們的眼睛和頭腦，還擄走了我們的心。我們覺得被擴張、被充權。我們的心在那些機器裏跳動。[47]

當然，同樣的描述在任何一種拜偶像的形式中都派得上用場。就如猶太哲學家赫朔(Abraham Heschel)所說：「偶像的存在乖張地見證了我們需要神。假如我們不照著神的條件接受神，就會製造出一些妖媚的、迷惑人的代替品；那些代替品轉而呈現自己的生命，帶著我們不能輕易抗拒的誘人魅力。」[48]

與信異教的 MOO 或 MUD 的科技法術相比，那神聖的小木叢就顯得溫馴了。我們利用「接通、啟動、插入」，就覺得連接到一個更大的實境，那實境超越了我們不在線上時的生活中那種有限和脆弱。然而不管這實境有多大本事吸引施法術的人進去，它仍僅是虛擬的、是人腦人手的工作。它是人類的投射或延伸，是為大量信息而設的媒體，故此，它不能給予心靈最終的滿足。

帕斯卡論網際空間以外的神

帕斯卡的一段文字讓我們明白到科技薩滿教徒的靈性之屬靈問題所在。

斯多亞派主義者說：「退到自己裏頭，那才是你找到平安之處。」這說法不是真的。又有人說：「到外面去，在消遣中找快樂。」這也不是真的，因為我們或會有軟弱的時候。快樂不在外面，也不在我們裏面；快樂在神裏面，既在我們外面，也在我們裏面。[49]

科技薩滿教的誘惑在於它的應許，說自我會在一個人造的但又神化了的、自己設計的環境中，找到屬靈滿足。因此，自我可在自身內外都尋到釋放。它透過網際空間的安排將注意力移離真實生活，與此同時它又撤進一個幻想的內在化世界裏去。然而，往內進或向外出的力量都沒有找到一個持久安穩的中心。人離羣索居，剩下的只有自己；正如耶穌所說，從人心裏，發出「惡念、苟合、偷盜、凶殺、姦淫、貪婪、邪惡、詭詐、淫蕩、嫉妒、謗讟、驕傲、狂妄。」[50]從自我湧現的，不是救贖，反而是需要救贖的明證。再次引用帕斯卡的話：「在自己裏面尋求消除痛苦的良方是徒然的。你所有的智慧只能令你明白到，找到真理或美善的地方並不是在你自己的裏面。」[51]

帕斯卡時代的偽哲學家們，就好像今時的信奉科技的信徒一樣，力陳他們的聽眾並沒有與神疏離，反而說神是個非常方便的概念，可用來建立自豪感。

那些哲學家……不曉得你真正美善之處，也不知道你的真正狀況。……他們連你患甚麼病也不曉得，又怎能醫好你呢？你最主要的弊病是那令你離開神的驕傲，以及那將你綁在地上的色欲〔肉欲〕；他們所做的都只是保持這些弊病之中最少有能繼續興風

> 作浪的一個。假如他們讓神做你的對象，那只是要訓練你的驕傲；他們令你以為自己跟神一樣，本質也跟祂相似。[52]

我們往外面看，看到網際空間去，見到的是消遣繁多，而不是滿足的保證(就如我們在第五章所討論的)。我們會病倒，不能登入(log on)。硬碟會當機，電腦會受病毒或蠕蟲所傳染，使電腦失效。電源會中斷，閃電會打中電話線。我們甚至會遭「虛擬強姦」，不然就在一個 MOO 或 MUD 裏被毆打。

帕斯卡聲言答案不在外向也不在內向，卻在於神，祂「既在我們外面，也在我們裏面」。帕斯卡的話雖然片面不全，不過他的意思卻已經在聖經清楚明言。神是我們最能夠蒙福的惟一源頭，在別處不可能得到這福。神在我們外面，因為祂是創造主，祂淩駕於自己從無有造成的宇宙。神是位全能的創造主，祂不可以被約簡成受造物的任何一面；沒有一個偶像能夠盛載或表現祂的能力與美善，儘管如此，神臨格於這世界的每一角落。祂藉著祂大能的道維護著這個宇宙，沒有甚麼能躲避祂的眼目。[53]

除此以外，神以救贖主的姿態臨格在一些人心中，他們棄絕不敬虔的消遣與自我神化，又相信基督在十字架上以命抵罪的死是他們的救贖。保羅向隨眾宣講基督，說到「基督在你們心裏成了有榮耀的盼望」。[54] 神藉著先知以賽亞啟示了自己的超然和無所不在：

> 因為那至高至上、永遠長存、名為聖者的如此說：我住在至高至聖的所在，也與心靈痛悔謙卑的人同居；要使謙卑人的靈甦醒，也使痛悔人的心甦醒。[55]

魔法與祕術的危害

魔法與天啟宗教不同，它總是謀求被引進一個更高的意識狀態，從而取得神祕能力，操控現實。施行魔法是墮落天使的一個處理機制，他們意識到自己在這受詛咒的世界裏有所不足，但又不肯順服被神親自統管，也不肯接受命運那無人情味的駕馭。魔法師設法藉林林總總的屬靈科技——不論是符咒、天眼、魔法儀式，還是在線上的環境——創製自己的現實，其目標是獲得能力去勝過一個原本難以克制的現實；這現實已注定我們要衰老、生病，最終死亡。魔法嘗試藉著救主以外的方法來征服罪的結果，為要在恩典以外消解人類墮落的後果。魔法是向地下尋求能力，而不是向上天祈求恩典。[56]

從聖經的角度看，上述的一類(在線上或是不在線上)販賣祕術能力，不下於背叛創造主，也是向假扮為光明的黑暗權勢發出邀請，不管魔法師們是否相信有撒但和鬼靈。神禁制魔法和祕術，是出於祂對受造物的忌邪之愛。[57] 既然永恆、非受造的神是一切價值、意義、卓越的頂峯，任何人背離了祂的聖言，便會淪於與神疏離。湧進這個空隙中的，是一個神化了的受造物贗品，它被徵用去做一個它不能履行的屬靈任務，就是拯救人的靈魂。鑒於受造物沒有屬靈能力自救，鬼魔界就趁機假扮神，用「偽仿的無限」(counterfeit infinity)來代替真神。[58] 保羅提醒我們「撒但也裝作光明的天使」，[59] 而耶穌則告誡我們要記住：魔鬼是說謊之人的父。[60]

網際空間科技本身不一定是邪惡的，但其誘人的擬象和迫人的磁力，就很容易會在信奉異教的業者手上變成欺詐與歪曲的渠道。由於那些科技有助建造人工環境，所以當它們落在一些渴望以任何方法來「創製自己的現實」的網際魔法師手上時，就成為特別強勁的工具。

上文曾引述信奉科技的信徒的話，指透過網際儀式接觸一些不明確的「實存物」；所講的不是人類的參與，而是靈界物。千百年以來，祕術師都利用天眼、毒品、冥想等接觸一些若非如此便觸不到、看不見的生物。當想到那些不時有網際空間信奉科技的信徒造訪那些富想像力的祕術鄰里，我們就不會驚訝這個媒體竟然吸引到一眾不太像天使的特派員。這些特派員活像深懂投機的傳染病，找到甚麼破口就大肆加以利用。[61]

羅姝戈談及一個叫「綠火」(Green Fire) 的信奉科技的信徒，他擔心自己的網際屬靈探險「會帶他到一個他不想去的地方。它像一個謎，又像一座迷宮，他有可能會迷路。」綠火警告說：「魔法是危險的東西。新紀元運動中的人認為你永不會受損害，那不是真的。你可以傷得很重。」[62] 這回應了很多被祕術灼傷的人的見證，它不馴良，也不美善。

揭穿自稱能引起幻覺的面具

李爾利與羅姝戈聲稱，有人曾藉著吃致幻藥而得到靈感，創製先進的電腦技術。他們亦相信，將網際空間的探索與持續地使用致幻藥結合起來，對於喚醒一個更高層次的意識是十分重要，這有助於擊倒暴虐的主導社會，然後再建立一個更優秀的社會。這論點屬虛擬多於真實，原因有如下幾點。

首先，雖說有些超級巨星——例如蓋茨與翟斯——曾吸用 LSD 而又成為科技革新者，但仍不能證明 LSD 令他們在智力上有所突破，又或者大多數吸食致幻藥的人都會有類似的經歷。蓋茨和翟斯兩個都是智力高超的人，即使沒有致幻藥，他們可能都會想出超人的主意來。不管怎樣，這很難證實改動思想的藥物是他們成功的主因，雖然這樣說必定能收嘩眾取寵之效。試去加州柏克萊人民公園走一趟，就可以看到大批嗜迷幻藥的人因吸食迷幻藥而變成無家可歸和精神錯亂，他們並沒有走到網際空間的最前線去。稍為不是那麼悲慘的故事更是罄竹難書。

其次，即使我們姑且承認吸食致幻藥有助電腦改革，這也不能證明電腦改革是十足的好，又或者致幻藥所形成的世界觀是真確的。我在本書多處論到，翟斯和蓋茨一類人所創製的科技並非純屬祝福的豐饒角。它們也有陰暗面，只是在網際文化的強光下，往往給忽略了。

除此以外，不同經歷可以產生「有用」或者「成功」的信念，不過那些信念並不真正與現實相符。[63] 有人會以為忘了把五百塊錢放在某處，是因為自己不小心之故。於是她糾正自己的生活，結果成為一個富有的女商人。她丟了錢這個概念，對她而言是「有用」的。然而，後來她發覺那筆錢其實是給人偷了，而不是放錯地方。因此，她的信念——縱使有多益處，卻仍是錯誤的。[64] 同樣地，一個致幻經驗或許有功於電腦科技的某一項發明，但這件事本身並不能證明，很多時(但不是每次都是)藉著這些經驗所形成的世界觀——一元論、泛神論、泛靈論或多神主義等——是真確的。

我們應該考慮一些術語裏面的一個重要區分。雖然信奉科技的信徒寧願選用「**迷幻**」(psychedelic) 一詞，但是「**致幻**」(hallucinogenic) 這個專有名詞卻是較為合適。「幻覺劑」(hallucinogen) 是一種能引起幻覺的藥物，那是個似乎非常真實但基本上是騙人的經驗。這個專有名詞背後的假設是，我們的正常思考過程和感官能力，若與化學物品所引發的經驗相比，是通往客觀現實的更佳嚮導，因為經人工改動的頭腦不一定是個清明的頭腦。所謂的迷幻藥，在另一方面是使感官知覺更敏銳，表面上在顯示出一種實境，是那些沒有化學催化便不認識或不能經歷的；那就是思想擴張，不僅僅是思想改動。[65] 每個專有名詞都背負著沉重的哲學假設。

在歷史上，為了得著啟發而使用宗教性藥物的事件，都與某一些宗教有關；那些宗教都不是屬於信奉一神的宗教——特別是基督教。使用迷幻藥的背後有個假設，就是人可以（在沒有屬天的中介或啟示的情況下）透過變更意識，直接地憑直覺知道宇宙的奧祕。基督教的教導是：因為人類是有限的，而且已經墮落了，所以不具備那些能力——不論有否使用藥物。正如保羅承認：「因為只有一位神，在神和人之間，只有一位中保，乃是降世為人的基督耶穌；他捨自己作萬人的贖價。」[66]

捏造「實境」

科技薩滿教的世界觀傾向於泛神派一元論、泛靈論和多神主義。泛神派一元論是所有神祕學（occultism）的平台，因為它肯定我們最終會與那惟一的神聖實在合而為一，並且能透過通靈技巧求助於它的能力。然而，在這個體制之內，不同實存物或能量被當成為一個實在的流溢或顯現。因此，一種可操作的泛靈論或多神主義，其實是泛神派一元論的遠房親戚，也不管將實存物的多樣性注入一個絕對的統一體是多麼的不合邏輯。布魯克（Tal Brooke）是專門研究新宗教運動的作家，他相信網際空間「由於本身是極為趨於統一的結構，所以會走向一種實用的泛神論。」[67] 對於很多已經在不同程度上偏好祕術的人，情況似乎正是如此，雖然網際空間的本質不一定要導致這種詮釋。

一個負責任的基督徒應該看網際空間為一個通訊媒體，而這媒體用種種令人眼花繚亂的方法塑造內容，因此影響到我們自己和我們的文化。我們對這個媒體的定向至為重要，正如保羅在很久以前已經強調：

> 在潔淨的人，凡物都潔淨；在污穢不信的人，甚麼都不潔淨，連心地和天良也都污穢了。他們說是認識神，行事卻和祂相背。[68]

長久以來，李爾利和他的追隨者都看不起那些只敬拜一位神的一神論宗教信仰。我於1980年聽過李爾利演講，他指猶太基督教的神是「那個製造絞刑判官的神」，人一定要拒絕這個神，因為「現實不會大過你的思想」。這種狂態畢露的褻瀆之言，在今天「網際人」圈子裏紛紛重現的李爾利式觀點中，屢見不鮮。網際人的世界觀是由現代科技——特別是網際空間科技——的鑒別力所塑造。正如羅殊戈解釋說：

> 根據網際人的邏輯，認為實境的格柵是受造物，它們不一定是實在的。……吸食過迷幻藥的人都體會過，玩幻想遊戲的人都玩這個。黑客給保衛森嚴的電腦網絡破「冰」，就證明了這個。任何人採納了網際人的幻想，就過著這種生活。[69]

羅殊戈還說，網際人背叛主流社會，用的方法不是跨過格線、衝出框格，而是拒絕容許現實劃上界線或框框。「這樣子為了開心好玩而利用這些界線和框框，就好比是在十誡法板上玩跳房子一樣。」[70] 神作為賜律法者已給推到熒幕以外。

現代信奉科技的信徒對於宇宙的終極奧祕，往往沒有他們古代先祖那麼浪漫。他們切合後現代主義時尚，丟棄了傳統的真理觀念，只是把玩著種種不同的扭曲了的意識。羅殊戈所陳述的網際人世界觀彌漫著這種假設。體驗網際空間和幻覺劑，讓我們能夠脱離客觀現實、人生意義和邏輯的專制。網際人「拋棄邏輯條理分明的規則，贊同砍劈現實（reality hacking）——隨波逐流、留心趨勢、保持思想開放、緊貼潮流。」[71] 羅殊戈所謂的「砍劈現實」，意思是視生命為一場依照自己的規則去玩的遊戲：「一旦所有模板或角色都變得可以互相替換的時候，玩遊戲的人就可以『推斷』現實，因為他有本事從自己選擇的任何觀點去看整件事。」[72] 電腦遊戲任意編排的規則可以挪來做整個宇宙的模型，你可以邊玩邊編造它。

砍劈現實，以及渴望得著一個由自己的頭腦（通過適當的硬件和軟件）編製的專人設計實境，而排除任何固定的、終極的、權威的現實觀念之想。現實從客觀的單數形式轉為主觀的複數形式：現實的種類，是隨你意思砍劈。不過與此同時，羅殊戈的網際人和信奉科技的信徒（兩類人或有某些相同之處，但不盡完全相同）卻說現實是一體（一元論），而神則是全面分布於萬物之內（泛神論）。另外，他們談到居住在網際空間的特種幽靈時，聽起來滿是泛靈論與多神信仰的味道。羅殊戈甚至求助於科學界先鋒派論説，為自己的世界觀作理性辯護。他這樣做就是自相矛盾，因為他也說過世上「『沒有紀實』（non-fiction）這回事，只有不同的觀點。」[73]

砍劈現實的人不相信有一個可以與之建立關係的實在者（Reality），因此任何人聲稱擁有條理清楚的世界觀，而且是比任何世界觀都更理性的，他說的都是空話，所留下的只是強辭奪理的主張，如卡嗒卡嗒地響著的空殼。這種高科技相對主義歸結起來其實是一種非常嘈雜、充滿網際激情的虛無主義，用一些神祕而帶奇異魔力的術語來隱藏自己內心的淪喪。這種欺哄就是薛華所說的「語義的神祕主義」(semantic mysticism)。明確而動人的言詞給人用來掩飾世界觀本身的空洞。[74] 耶穌在類似的情況中所作的譴責正好適用：「你們這假冒為善的文士和法利賽人有禍了！因為你們好像粉飾的墳墓，外面好看，裏面卻裝滿了死人的骨頭和一切的污穢。」[75]

此外，科技薩滿教的世界觀拒絕任何絕對的道德權威，反而選取了相對主義，因而發動一種沒有道德意識的無政府狀態，而且也不受它本身的思想資源所抑制。信奉科技的信徒或許一如羅殊戈所言，享受「在十誡法板上玩跳房子」，不過如果有人侵害他們的軟件版權或者傳送一個侵蝕硬碟機的病毒到他們的新電腦系統，他們就會激烈抗議。同樣，他們也在道義上反對保守基督徒持有據稱是暴虐兼武斷的觀點。

當思想到他們的世界觀，這一種憤慨其實是沒有基礎的，這只是一堆武斷之言。既然他們放棄了用邏輯來試驗真理，就沒有任何可靠的剩餘準則，來決定應該瀏覽哪個波段，或者跟從哪個趨勢。至於那些砍劈(現正在德國及各地死灰復燃的)新納粹主義分子版本的多神教，又或者開通地對待加入性捕獵者行列、輕鬆快樂地從虛擬強姦，轉而作出種種實質有血有肉的罪行的人，他們又如何呢？沒有高於意識的道德律可作依靠，沒有超然標準可作道德評核，一切道德上的抗議或醫治良方都必然會泰然自若地自我毀滅。

網際空間領域本身，並沒有要求墮進科技薩滿教的種種高科技騙局當中。但是鑒於網際空間那迷惑人心的本質與文化氣氛中濃厚的祕術思想混合在一起所產生的影響，科技薩滿教輕易地在它的虔誠信眾的鍵盤以外某處，找到一方數碼居所。然而，心靈在該處就不會找到安息或智慧。藍年安(Jaron Lanier)是虛擬實境科技先鋒，他作出總結：「互聯網是為了讓人互相聯繫而存在的。但若是想跟宇宙的奧祕聯繫起來，互聯網是做不到的，因為神沒有網站。」[76]

正如我們已經討論過，不管科技薩滿教能提供怎麼樣的引誘，它仍然受困於擁有一個內部矛盾、最終活不出來的世界觀。正如聖經所確認：「若不是耶和華建造房屋，建造的人就枉然勞力。」[77] 耶穌又教訓人說，凡服從祂教導的就是將房子建在磐石上，可以抵住生活的變化無常，但不服從的人就是建造在流沙上。[78] 在矽上面豎立的世界觀，比建造在沙上的好不了多少。

註釋：

1. 引述自Steven Daly and Nathanial Wice, *alt.culture: an a-t-z guide to the 90's — underground, online, and over-the-counter* (New York: HarperPerennial, 1995), 130。
2. Steve Ditlea, "Leary's Final Trip, the Web, Realized His Multimedia Vision," *New York Times*, 1 June, 1996；在線上提供的文件。
3. Douglas Rushkoff, *Cyberia: Life in the Trenches of Hyperspace* (New York: HarperCollins, 1994), 44～45, 49～50, 57, 61, 66, 132～33, 211, 229.
4. 同上，頁61。
5. Douglas Rushkoff, "Life at Tim's, After Tim," Timothy Leary's home page: http://www.leary.com.
6. 參 Mark Dery, *Escape Velocity* (New York: Grove Press, 1995), 22。
7. Timothy Leary Transcript, "Club Wired," *HotWired*, August 10, 1995, at: http://www.hotwired.com/club/special/transcripts/95-08-10.leary.html.
8. 引述自Dery, 28。達里引述李爾利的一個私人訪問。
9. Rushkoff, *Cyberia*, 30.
10. 參Dery, 22。
11. 有關就此而作的一個簡短調查，參Stewart Brand, "We owe it All To the Hippies," *Time*, Special Issue: Welcome to Cyberspace, Spring 1995, 54～56。
12. 同上，頁22。
13. Erik Davis, "Techgnosis, Magic, Memory, and the Angels of Information," in *Flame Wars: The Discourse of Cyberspace*, ed. Mark Dery (Duke University Press, 1994), 54～55.
14. 在Rushkoff, *Cyberia*, 58引述。至於佛陀與耶穌基督就一些課題——最終的實在者、人類狀況和靈性解放——曾作出南轅北轍的教導；對於這個事實，麥肯納似乎一點也沒有看出來。
15. 在同上，頁187引述。
16. 同上。
17. 同上。
18. Susan Stryker, "Sex and Death among the Cyborgs: Interview with Allucquere Stone," *Wired*, May 1996, 136.
19. 同上。
20. Erik Davis, "Technopagans," *Wired*, July 1995, 176.
21. Timothy Leary and Eric Gullicsen, "High-tech Paganism-Digital

Polytheism," 無注明日期，Timothy Leary網頁：http://www.leary.com.

22.同上。

23.有關新紀元運動的種種，參Douglas Groothuis, *Unmasking the New Age: Is There a New Religious Movement Trying to Transform Society?* (Downers Grove, IL: InterVarsity Press, 1986), *Confronting the New Age* (Downers Grove, IL: InterVarsity Press, 1988)，及*Jesus in an Age of Controversy* (Eugene, OR: Harvest House, 1996)。

24.參Jeff Zaleski, "Cyberspirit," *Yoga Journal*, March/April 1996, 69。

25.有關德日進的更詳細資料，參Tal Brooke, ìPreparing for the Cosmic Millennium and the Coming Global Church,î *Spiritual Counterfeits Project Journal* 19, nos. 2～3 (1995): 4～17。

26.這個想法在一篇捧場文章中表明了：John R. Mabry, "Cyberspace and the Dream of Teilhard De Chardin," *Creation Spirituality*, Summer 1994, 25。

27.在Spencer Reiss, "Is He the Net's Thomas Jefferson? John Perry Barlow on Tour," *Yahoo! Internet Life*, July/August 1996, 113引述。

28.Gary Wolf, "The Wisdom of Saint Marshall, the Holy Fool," *Wired*, January 1996, 125.

29.Matie Molinaro, Corrine McLuhan, William Toye, eds. *Letters of Marshall McLuhan* (New York: Oxford University Press, 1987), 370.

30.舉個例子，據説克林頓夫人(Hillary Clinton)曾經諮詢胡絲彤。參Sonya Ross, "Hillary Clinton's Spirited Discussions," *Rocky Mountain News* 24 June 1996, 2A。有關一篇就胡絲彤發表過的觀點而作的風趣評註，參John Leo, "Exclusive!! Jean Houston Speaks," *U. S. News & World Report*, 8 July 1996, 23。

31.David Jay Brown and Rebecca McClen Novick, "Forging the Possible Human with Jean Houston," *Voices From the Edge*, eds. David Jay Brown and Rebecca McClen Novick (Freedom, CA: The Freedom Press, 1995), 246.

32.有關薩滿教詳細資料，參Groothuis, *Unmasking*, 137；及Groothuis, *Jesus*, 242～43。

33.Alexander Star, "Oliver Stone's Cyberkitsch," *New Republic*, 6/14/93; 線上提供的文件。

34.Davis, "Technopagans," 174.

35.同上，頁128。

36.同上。

37.同上。

38.同上。

39.同上，頁131。

40.Groothuis, *Unmasking*, 98～109是因陀羅網及它與新紀元科學思想的主張之關係作出的分析。

41.Sven Birkerts, "Homo Virtualis," in *Dumbing Down: Essays on the Stripmining of American Culture*, eds. Katherine Washburn and John Thornton (New York: Norton, 1996), 211.

42.Davis, "Technopagans," 180.

43.同上，頁178。

44.同上。

45.同上。

46.有關此主題，參Douglas Groothuis, *Christianity That Counts: Being a Christian in a Non-Christian World* (Grand Rapids, MI: Baker Books, 1994), 102～5。

47.Michael Heim, *The Metaphysics of Virtual Reality* (New York: Oxford University Press, 1994), 85.

48.Abraham Heschel, *Man Is not Alone: A Philosophy of Religion* (New York: Farrar, Straus, and Giroux, Inc., 1951), 33～34.

49.Blaise Pascal, *Pensées*, trans. A. J. Krailsheimer (New York: Penguin, 1966), 407/465, p. 147.

50.可七21～22。

51.Pascal, 149/430, p. 77

52.同上，149/430，頁78。

53.來一3，四13。

54.西一27。

55.賽五十七15。

56.參Rousas John Rushdoony, "Power From Below," *The Journal of Christian Reconstruction* 1, no. 2 (Winter 1974), 7～10。有關魔法的動力與諾斯底派的關係，參Carl Raschke, *The Interruption of Eternity: Modern Gnosticism and the Origins of the New Religious Consciousness* (Chicago: Nelson-Hall, 1980), 30～32。

57.參申十八10～12。

58.〈偽仿的無限〉("The Counterfeit Infinity") 是Os Guinness, *The Dust of Death: The Sixties Counterculture and How it Changed America Forever* (Wheaton, IL: Crossway Books, 1994), 235～74一書裏面一個章目。筆者大力推薦這一章，討論的是致幻藥物。

59.林後十一14。

60. 約八44。

61. 有關染指祕術的危險，參Douglas Groothuis, *Confronting the New Age* (Downers Grove, IL: InterVarsity Press, 1988), 76～83。

62. Rushkoff, *Cyberia*, 148～49.

63. 參第五章對於真理的相關看法。

64. 此例子出自Winfried Corduan, *Reasonable Faith* (Nashville, TN: Broadman & Holman, 1993), 60～61。

65. 參R. C. Sproul, *Not a Chance: The Myth of Chance in Modern Science and Cosmology* (Grand Rapids, MI: Baker Books, 1994), 92～93，及Guinness, 238。

66. 提前二5～6。

67. Tal Brooke, "Cyberspace: Storming Digital Heaven," *SCP Journal* 19:4～20:1 (1995): 16.

68. 多一15～16。

69. Rushkoff, *Cyberia*, 205.

70. 同上。

71. 同上，頁144。

72. 同上，頁198。

73. 同上，頁ix。

74. 參Francis A. Schaeffer, *The God Who is There: Speaking Historic Christianity into the Twentieth Century* (Downers Grove, IL: InterVarsity Press, 1976), 56～62。

75. 太二十三27。

76. 在 Zaleski，頁72引述。

77. 詩一二七1。

78. 太七24～27。

第八章

探索虛擬社羣

今天的文化觀察者、社會評論員、政治家、神職人員、神學家、哲學家，甚至在聽得見範圍內的每一個人，最少有一個共同點，就是他們全都慨歎，美國文化已失去羣體生活和文明教養。羣體生活所包含的多於文明教養，但必須包括文明教養。哲學家毛里察(Richard Mouw)幫了我們一把，他給文明教養定義為「修養。意指圓滑地、溫和地、優雅地、有禮地對待與我們不同的人。」[1] 根據《美國新聞及世界報道》(*U .S. News & World Report*)最近一期的封面報道，美國人並不太有文明教養。該篇文章報道，89%的美國人認為無教養是個嚴重問題，而78%則相信在過去十年裏情況已見惡化。絕大部分的人同意，無教養導致暴力(91%)、國家社會分裂(85%)、價值觀日漸衰落(84%)。然而，竟然有99%的人說自己的行為有修養！[2]

專欄作家里奧(John Leo)視美國為一個「讚衝動貶克制、讚臭名貶功名、讚犯紀貶守紀、讚煽動言論貶基本客套禮貌的文化。」[3] 里奧相信情況非常嚴峻：「我們的政治、社會及商業討論水平已跌到低點，如今是時候要從這低點起來，重整人的修養；否則，我們會趨向愈來愈愚蠢和野蠻的文化。」[4]然而，由於缺乏一個擁抱共同的國家身分和使命，這工作也就更形複雜。我們缺乏一種全民擁有共同過著羣體生活的社會風氣。

吉尼斯（Os Guinness）那本嚴正的書《美國時刻》（*The American Hour*），意味深長地清楚闡明那個抓牢、搖撼、耗盡我們的文化之「文化權威危機」。[5]一個愈來愈多樣化和以自我為中心的美國，已欠缺一個能統其聲、抑其惡、界定和酬賞其德行、疏導其精力，而令人信服的社會願景。結果，我們沒有致力於公民信念，反而忙於在多個層面上打「文化戰」。由於多元文化主義、後現代主義和國民生活中普遍彌漫著的憤世嫉俗氛圍，我們的國家座右銘——*E pluribus unum*（萬眾一心），正受到質疑。美國的公民感召要成為「座落山上的城市」（清教徒）或成為「情同被揀選的國民」（林肯），今天沒有多少人感受得到。雖然美國人仍然頗為愛國，不過也只是飽嚐箇中的機會、自由與財富那種坐享其利的感覺；很多人已經失去或正在失去一個較廣闊的國民身分。

我們的國家不再充滿受超然理想所導引的國民，反而漸漸充斥著爭議者，在爭取權利和資格，但是不理會相應的責任和義務。席克斯（Charles Sykes）說得沒錯：我們迅速地變成「一個充滿受害者的國家」。[6]敵對者做不成好鄰居，我們的心靈彼此為敵。詩人說：「弟兄和睦同居是何等的善，何等的美！」[7]我們遠遠不能與詩人欣然共鳴。

抗拒羣體生活的繭居生活

在後現代狀態之下，羣體生活觀念漸趨式微。有個名為「繭居生活」（cocooning）的常見社交習慣，就是本來可以和孩子們玩耍、跟鄰居隔著籬笆談天說地，或者出席音樂會、崇拜、街坊派對的時間，人卻寧願離羣獨處，在自己的家居的娛樂中心或電腦熒幕前，過著安全舒適的生活。造成繭居生活的，可能是由於公共場所暴力事件日增而生的恐懼感，亦可以是因為家居中娛樂總是唾手可得。[8] 我們甚至可以把繭隨身帶著，藉著車上的音響設備或隨身聽（Walkman）而用聲音將自己隔離。[9]

未來主義者康尼時（Edward Cornish）觀察到：「資訊媒體（infomedia）會傾向於令人不喜合羣，造成他們更容易做出反社會和犯罪的行為。」在電視和電腦發明之前，「面對面傾談是主要的娛樂方式」，這樣做能「訓練人與人的溝通」。但是「隨著電子娛樂的興起，粗暴無禮的態度也似乎愈來愈見得多，而在交通意外之中，駕駛者互相槍擊便是一個縮影。」[10] 康尼時更擔心，倘若電子娛樂繼續滲透社會：

> 我們將會變成一個「非社會」（non-society）——一班組織鬆散的電子隱士，彼此不能好好的一起工作，因為我們不再一起玩耍。家庭、羣體、教會、國家等的社會體制，將面臨得不到人支持的困境，因為人差不多只理會自己的事。[11]

麻省理工（MIT）學生曼史提夫（Steve Mann）最近把繭居生活帶到一個頗為怪誕的極端。他設計了一個活動的頭套式影象顯示器兼攝錄機，讓他在任何地方都能保持接駁到網際空間。那部攝錄機將影象發射到互聯網上，使其他人都可以透過互聯網見到他正在看著的東西。那個頭套又容許曼可邊走動邊閱讀電子郵件、瀏覽網頁或使用電腦。曼說：「我不是常常啟動頭套的，但是我總會帶著它在身邊。」他可以選擇直接透過自己雙眼看世界，又或者透過面罩內的影象顯示器展示出頭上配戴的攝錄機，拍攝到的影象來看世界。一篇講述「有三隻眼睛的人」的報道聲稱「跟曼談話的印象令人不安。他雙眼往來於與他談話的人和他的電腦熒幕之間。」[12] 曼坦言：「雖然有時你想一個人獨處，你仍然想知道周遭環境的情況，只是你想將那些意識減低而已。」他講這番話時「雙眼沐浴在面罩裏那個小小顯示器的冰冷白光之中」。[13]

雖然暫時來說，曼的「人肉攝錄機」(human cam) 是個實驗性新事物，但是它發出了一個信號，就是由新網際空間科技所營造的局面即將出現，它是一個陰森可怖、好壞難測的組合——糅合了在與不在、投入與脫離。曼的視野的模擬在網際空間全方位地發放開去，而他本人則難以投入其中。曼的論文導師皮卡德教授 (Professor Rosalind Picard) 相信曼的試製原型離大量生產的日子尚遠，不過技術上的問題一旦獲得解決，該項設備就會像隨身聽一樣流行起來。[14] (為公平起見，也應補充一點，他們其實有個得益良多的目標，就是希望該設備能夠輔助患弱視的人。)

我們渴望得到的羣體生活

單憑政治是不能推行羣體生活的，因為羣體生活基本上是在政治之前，是一種文化作用多於立法功能。正如約翰遜 (Samuel Johnson) 説過：「人心能承受的是多麼的細小，就是法律與諸王能引發或處治的那個部分！」鼓吹共產主義社會的作家伊頌尼 (Amitai Etzioni) 斷言：某些「關懷、分擔、守望兄弟姊妹的措施是重要的，如果我們不想人人都依賴一個愈來愈膨脹的政府、官僚主義的福利機構，以及臃腫的規章、警隊、法庭和監獄。」[15]

本地和全國的羣體生活元素，雖然不是很難界定，卻是很難達到的——最少在現代的美國如是。儘管如此，正如紐浩斯（Richard John Neuhaus）生動地指出：「我們真的致力於建設一個世界，在其中強者公正、權力有慈悲調和，在其中弱者得滋養、窮人得覆庇，而處於生活入口處與出口處的人都有法律與愛的保護。」[16]

我們大多數人都喜歡見到人人都文明有教養：互不相識的人能夠以忍耐、尊重和友好態度相待；家庭保持完整無缺，並與其他家庭互相扶持；萎靡不振的人——不論是在身體方面還是經濟方面——一般都有慈善機構或善長們照顧，而不是被遺忘或被趕到一旁；誠實、正直、謙厚成為備受重視的美德；自大、欺詐、淫猥、無禮統統受譴責被拒斥；羞愧之心和罪疚感成為良心的警察，而且激發道德成長；大家都同意在憲法的約束之內容忍彼此最深的分歧——不論是宗教、政治，還是文化的分歧，而且不會訴諸無骨氣的相對主義或者好戰的文化鬥爭——簡言之，塵封的為人準則給揩擦乾淨，重新公開展覽。

電腦、愛情與羣體生活

波蘭政界英雄華理沙（Lech Walesa）於1988年首度踏足蘇聯集團之外，在巴黎發表了這番話：「雖然你們這裏有財富與自由，但我卻感覺不到信念或方向。你們有那麼多電腦，為何不用來尋訪愛呢？」[17] 這是否有可能，或者是在預期之內呢？電腦能不能輔助我們尋找能夠凝聚羣體的愛呢？電子郵件、電子布告欄、資料庫等等，能夠真的構成一個促成真實羣體生活的「虛擬社羣」嗎？網際空間是否一種適合心靈相聚的空間呢？

曾幾何時，羣體生活只有在地理與文化上有緊密連繫的人才能夠享受得到。然而，網際空間科技已經把羣體觀念推離這些實質界限以外。建築師米切爾(William Mitchell)的洞見實在發人深省：

> 商業交易與社交都愈來愈多轉移到網際空間去；際此，我們發覺彼此的聯絡愈發不計距離遠近，羣體生活也變得愈來愈脫離地理限制。我們的網絡連接正變得跟身處的位置一樣重要。[18]

在文化意義上，網絡連接或許是同樣的「重要」，但它們是否一樣的意義重大、意味深長、叫人珍重呢？我們實在多麼毫不猶疑就扔棄親情與鄉情、雞犬相聞之樂呢？健康羣體的活潑肌理多且雜，不能在此一一論及。不過「羣體生活」觀念竟能在網際空間蓬勃發展，令人質疑羣體生活的意義和羣居性的本質。

雖然我們透過電子媒體之助而在麥路恆的「地球村」中生活，但是說來矛盾，我們的鄉里感或羣體感卻在枯萎——如果不是正在消失的話。威爾士尖銳地寫道：「我們的電腦開始向我們說話之際，鄰居們卻變得更遙遠更面目模糊。」[19]我可以與全球各地的終端機「連接」，卻一點也不曉得隔壁那些人心中的痛楚、喜樂和日常瑣事。我們一邊從周圍那些有血有肉的人之中抽離，卻又一邊與那些只以數碼形式存在的人連線，企圖以此補償自己心中的孤獨。

陶博特質疑：「廣泛地以抽象的、『資訊豐富的』對話來代替有肌體、有人**同在**的交往，很大程度上是互相疏離的方式之一部分。」[20]資訊充裕不保證能夠做到關係豐足。陶博特又說：

> 這個文化，雖然在很大程度上已經做到將自己鄉居生活的殘餘痕迹消滅，卻又反過來——借助該種消滅技術的進一步發展——用伊甸園化的地球村影象來鼓勵自己。這正是欺人之談。

他說得相當貼切。欺人之談所提的是一個自相矛盾的信息：那些一直傾向妨礙我們親身與別人接觸的科技——收音機、電視、電腦——將會帶我們進入一個充滿緊密連接的地球村。如今差不多事事都由科技傳送，而我們的「互動」又是如此的重電子輕自然，以至沒理由期望社交活動產生的情誼會增長或加深。正如司拓克(Gregory Stock)所說：「怪不得人類與『自然』環境之間的感情連繫正在日漸衰減。人類的經歷，愈來愈大部分是處於一個截然不同的領域。」[22]

在互聯網上，無人曉得你是頭狗

《紐約客》(*New Yorker*)一輯如今膾炙人口的漫畫裏面，一頭狗向另一頭狗說：「在互聯網上，無人曉得你是頭狗。」雖然我們談過網際空間的真假問題，又談過其脫離軀體的特性，但還是要討論一下「參與其中的人都是平等」的這個元素。蓋茨的暢銷自傳《前路》，凡是屬於數碼的都唱好；在書中他陳述一套耳熟能詳的老調，讚揚網際空間通訊的種種好處。蓋茨為著「人人都可以在互聯網上互傳信息」而大感欣慰，他說寫信的人「也許不好意思面對面傾談，卻會透過網絡而打造出感情連繫。」不過蓋茨也慨歎，那深受歡迎的資訊高速公路，將會「結束人們書信往來時所容許對於社會地位、種族、性別、物種等特色的那種無視」，[23]因為它引進了影象。

蓋茨的話頗為奇特。首先，「人人都可以在互聯網上互傳信息」這話不是真的。當然，在蓋茨和他的朋友來說，這是真的；但是大多數人仍然對網際空間是陌生的，可能是因為他們缺乏耐力去掌握一種新而又往往嚇怕人的技術，也可能僅是由於他們沒有足夠經濟資源去連線。今天使用互聯網的人絕大多數屬於年輕人、白人、中產至中上階級的人，以及男性——雖然婦女(31.5%)加入這行列的速度似乎上升得頗快。[24]

種種不同的連接正在網際空間進行，但是，到目前為止，這些電子約會似乎還未以任何重要的方式跨越性別、階級或種族的屏障。事實上，很多人擔心不住進步的網際空間技術那種不可抗拒的力量，將會令很多少數民族和貧苦人士遭到淘汰。比方說，美國人口普查局(U.S. Census Bureau)於1989年的研究發現，雖然電腦使用與擁有率均迅速上升，但是與擁有電腦的2,690萬白人家庭相比，則只有150萬非洲裔美國人家庭擁有電腦。當然，電腦的擁有與使用是跟高收入水平掛勾的。[25] 話雖如此，如果電腦價格持續下降而性能不斷上升，這或許會稍起變化。

即使電腦跌至更多人花費得起，窮人又從何學習使用電腦呢？特別是低收入區域的學校，通常都較難取得電腦教育資源。[26] 正如司徒爾曾經指出：網際空間社羣並不如它裝出來那樣友善。由於「科技專家文化基本上是排除異己的」，所以用家都要自己考量採用哪個系統為最好，還要譯解那些新鮮出爐、嚴重混雜的術語，以及安裝維修軟件。[27] 結果是外行人很多時都被「一場科技禮拜儀式」弄得興趣索然。[28]

其次，網際空間的交往在無影象而又姓名保密的情況下，也不是如蓋茨等人所聲稱的好處多多。雖然有人說網際空間既脫離軀體又每多隱名，所以會「教我們看重思想的快速多於美感、機智多於體能、品格內涵多於皮膚顏色」，[29]但是我們對這種觀念存疑是有原因的。一方面，文字通訊可以使人人平等。在熒光幕上，人的好與壞只可以從他或她所寫的字句看出來。我可以想像，有些人只能在電子郵件中對話，在其他情況下會避開對方。假如人情味較輕的媒體能令人際間的親密程度增加而不是減少的話，那麼這類在線上的關係應可慢慢轉而成為更有血有肉的、熒幕以外的會面。

另一方面，我恐怕這種愉快的場面需要人基本上的誠實正直才行，而那往往是網際空間文化所缺少的。為了騙人而使用一個假的身分，就十足十是說謊。建基於欺詐的會是一個怎麼樣的文明有教養的關係呢？更且，倘若人要在實質世界裏具體地互相認識的話，就不可能永遠抹殺種族、年齡、性別和經濟背景等特性。一名種族主義者可以在線上與一個屬於另一種族的人交談，而且漸漸頗為欣賞對方寫得一手好文章，又欣賞對方受過高等教育，及他的友善。然而，當那名種族主義者發覺他的電郵筆友打字的手的顏色跟他不一樣時，事情就到了決定性關頭。如果種族的私隱一直沒有被揭穿，種族之間的和好就沒可能有進一步的發展。倘若種族的實情揭穿了，而歧視依然不改，那就甚麼也沒有改變。同樣的問題亦發生在年齡、性別、經濟背景等方面。當社羣成員的這些特性以數碼形式鏟除之後，形成的是個怎樣的羣體呢？史爾奇 (Clay Shirky) 有個精明的觀察：「一處地方的容忍觀念，若僅是建基於把大多數人都不能容忍的特性隱藏起來，那個地方最多只是個數碼密室。」[30]

名副其實的羣體之得以形成，大都是在一個彼此都視對方為當受尊重和禮待的人之環境下，並且我們承認大家都擁有具體的、有時別扭的個性。基督徒還補充說：人是按照神的形象和樣式而造的，因此而加重了箇中意義。他們不僅是我們的鄰人，更是神所關心的對象。管理學專家杜拉克(Peter Drucker)於1966年寫下精闢洞見：「世世代代以來，人的問題一直都在於怎樣從資訊得出『信息』來。」[31]

> 如今我們突然間陷於一個處境，就是資訊大都是非人格化，並且因此而不存任何信息內容，全都是純資訊。但是如今我們面對一個難題，就是建立必要的、最低限度的信息讓大家互相了解，好能知道彼此的需要、目標、感受和辦事方法。資訊卻不能提供這些，只有直接的接觸——不論是用聲音還是用文字，才能夠傳情達意。[32]

當杜拉克寫到「文字」的「直接接觸」時，他還未曉得有電子郵件和交談室這類科技發明。他想到的是私人短信、備忘錄和信件，都是比較直接對人的，而且不是那麼受網際空間的身分混淆和欺詐所影響。在網際空間交換資訊可以很容易掩飾或無視人的「需要、目標、感受和辦事方法」。文明的羣體是一個心靈可以與別的心靈一起茁壯成長的地方，是要求我們真真實實地將自己呈現在別人眼前，而別人也是真真實實地表現自己，好使我們能夠認識到大家意見相同的地方和意見相左的地方，學會怎樣欣然容許對方持不同意見，以及怎樣以情以理說服對方。

網際空間的鑑別力與羣體生活

欣然容許對方持不同意見，這在網際空間尤其費勁。我在上文也曾簡略提過「焚焰」的問題。一朵焰火就是一枚帶著沒教養資訊、從一台電腦朝著另一台電腦發射過去的炸彈。網際空間那離體環境大大助長這類文字攻擊。正如動畫軟件發展商哈舒(Martin Hash)所看到:「人本來過著沉悶、庸俗、平平無奇的生活,但是藉著互聯網文化隱姓埋名的方便,他想做怎麼樣的人都可以了。即使在最薄弱的隱名面紗之下,修養那脆弱的外罩就可以撕碎,這實在叫人驚訝。」[33] 鑒於這個媒體的性質,沒有修養的態度可以成為習慣,更可漾溢到離線的生活中。同時,正如麥路恆所說:「我們成為了自己所觀看的人。」[34] 更重要的是,使徒保羅告誡我們說:「濫交是敗壞善行。」[35]

布羅德(Craig Brod)與其他心理學家在個案研究中發現,那些玩電腦成癖的人「對於有絲毫含糊、離題或不相干的行為的容忍度都比一般人低很多。」當然,那類行為原是人之為人的一部分,多於是電腦程式所致。「他們與配偶、家人及朋友交談時,往往都是言詞簡短,寧以簡單的『是』或『不是』〔二進位〕作回應。」[36] 布羅德留意到這些人喜歡「快速地傳輸資訊。那些把話說得慢或者說得籠統的人,他們都避開或者不予理睬。」[37] 只要有些人把資訊處理得不夠快,有修養的溝通也到此為止。在《紐約客》一篇題為〈我的第一朵火焰〉("My First Flame")的見解深刻的文章裏面,西博克(John Seabrook)說到一名電腦奇才,他擁有「那種在真正迷上電腦的人身上見到的強烈幹勁;他說話和行動的速度總令我想起指頭在鍵盤上響起的得得聲。」[38] 當然,也許西博克的朋友從來都是那樣子狂熱;然而,電腦本身也令人容易生起那種聯想。

資訊傳輸的速度既是賞賜也是詛咒。若身處法國的朋友用電子郵件寄一項緊急代禱事項給我,收到的時間就遠比平郵快得多。這樣我可以馬上祈禱，因為時間至關重要。然而，資訊交流速度加快，卻會導致人對任何較慢的事物都感到不耐煩。雖然資訊可以接近光速橫跨地球，但是人與人直接交往，一直都是塑造羣體生活所必需要有的更深的修養。社會評論家李富勤(Jeremy Rifken)指出：「直到目前為止，在每一個文化中，俗世秩序主要都是圍繞面對面交流而建立，而其他通訊形式實際上都是該種交流的延伸。」然而，如今電腦科技威脅著要以它的機械架構為通訊定速率、訂條件。[39]

倪國邦慨歎，電子郵件傳送的速度和低成本意味著「敲一下滑架起重機，就可以發送萬五或者五萬隻不受歡迎的字到你的〔電子〕郵箱。這個簡單動作，把電子郵件從一個私人的交談媒體轉為大規模傾卸。」[40] 資訊傾卸肯定不是文明有教養的交談材料。本人也犯過倪國邦所投訴的事；我(自以為)學會操作那些不可思議的東西之後不久，便寫了一篇關於科技的文章，並把文章以檔案形式傳寄給他。他用電郵回覆，裏面只有一句子的斷句，大意是「垃圾一堆」。

正如我們在這一章裏所看到，虛擬社羣或許太虛了，做不到我們渴望得到的那種羣體生活。歧視與偏見需要比網際空間姓名保密更強的解毒劑。在高速的數碼空間之下，溝通其實可能已被削弱了。我們在下一章就會看到，在網際空間裏，其他方面的羣體生活也可能會難以生存，更不要說使它興旺發達了。

註釋：

1. Richard Mouw, *Uncommon Decency: Christian Civility in an Uncivil World* (Downers Grove, IL: InterVarsity Press, 1992), 12.
2. John Marks, "The American Uncivil Wars," *U. S. News & World Report*, 22 April 1996, 68～72.
3. John Leo, "Foul Words, Foul Culture," *U. S. News & World Report*, April 11, 1996, 73.
4. 同上。
5. Os Guinness, *The American Hour* (New York: Free Press, 1992).
6. 參Charles Sykes, *A Nation of victims* (New York: St. Martin's Press, 1992)。
7. 詩一三三1。
8. 有關這方面，參Faith Popcorn and Lys Marigold, *Clicking: 16 Trends to Future Fit Your Life, Your Work, and Your Business* (New York: Harper Collins, 1996), 51～63。
9. 有關隨身聽的重大意義之一些精闢見解，參Jacques Ellul, *The Technological Bluff* (Grand Rapids, MI: Eerdmans, 1990), 378。
10. Edward Cornish, "The Cyber Future," *The Futurist*, January-February 1996, special section, 4.
11. 同上，頁5。
12. Jan Clenski, "Computer-head Student Shares His World View," *Rocky Mountain News*, 10 January 1996, 31A.
13. 同上。
14. 同上。
15. Amitai Etzioni, *The Spirit of Community* (New York: Simon and Schuster, 1993), 260.
16. Richard John Neuhaus, "The Christian and the Church," in *Transforming Our World: A Call to Action*, ed. James M. Boice (Portland, OR: Multnomah Press, 1988), 120.
17. 在*Daily Telegraph*, London, 14 December 1988裏引述；在*The Columbia Dictionary of Quotations* (Columbia University Press, 1993)，唯讀光碟版裏引用。
18. William J. Mitchell, *City of Bits: Place, Space, and the Infoban* (Cambridge, MA: MIT Press, 1995), 166；另參128～131。
19. David Wells, *God in the Wasteland* (Grand Rapids, MI: Eerdmans, 1994), 48.
20. Stephen L. Talbot, *The Future Does not Compute: Transcending the Machines*

in Our Midst (Sebastopol, CA: O'Reilly and Associates, 1995), 107.

21.同上，頁113。

22.Gregory Stock, *Metaman: The Merging of Humans and Machines into a Global Superorganism* (New York: Simon and Schuster, 1993), 204；在Mark Slouka, *War of the Worlds: Cyberspace and the High-Tech Assault on Reality* (New York: Basic Books, 1995), 79引述。

23.Bill Gates with Nathan Myhvold and Peer Rinearson, *The Road Ahead* (New York: Viking, 1995), 92.

24."On Line," *The Chronicle of Higher Education*, 21 June, 1996, A 17. 該報告引用Georgia Institute of Technology's Graphic, Visualization & Usability Center的研究結果。

25.在Reginald Stuart, "High-Tech Redlining," *Utne Reader*, March-April 1995, 73引用；原文刊於*Emerge*, November 1994。

26.有關這方面，參Sunteel Raton, "A New Divide Between Haves and Have-Nots?" *Time*, Special Issue: Welcome to Cyberspace, Spring 1995, 25～26。

27.Clifford Stoll, *Silicon Snake Oil: Second Thoughts on the Information Highway* (New York: Doubleday, 1995), 60.

28.同上，頁62。

29.Slouka, 54.

30.Clay Shirky, *Voices From the Net* (Emeryville, CA: Ziff-Davis Press, 1995), 42.

31.Peter Drucker, *The Effective Executive* (New York: HapreBusiness, 1996), 67.

32.同上，頁68。

33.Daryl Fogal, "Real Fake," Interview with Martin Hash, *Wired*, June 1996, 157.

34.Marshall McLuhan, *Understanding Media: The Extensions of Man* (New York: McGraw-Hill Book Company, 1964), 19.

35.林前十五33；另參詩篇第一篇。有趣得很，麥路恒在上文所引述的話中稱說話的人做「詩人」。他意識到「我們成為了自己所觀看的」這個概念是源於聖經。

36.Jeremy Rifkin, *Time Wars: The Primary Conflict in Human History* (New York: Simon and Schuster, 1987), 26. He is referring to the work of Craig Brod, *Technostress* (Reading, MA: Addison-Wesley, 1984).

37.Brod, 94.

38.John Seabrook, "My First Flame," *New Yorker*, 6 June 1994, 73～74.

39. Rifkin, 27.

40. Nicholas Negroponte, *Being Digital* (New York: Alfred A. Knopf, 1995), 191～92. 倪國邦是高科技翹楚，卻用上過時的「滑架起重機」一詞，煞是有趣。現今電腦——不像打字機——已沒有滑架可以起重，有的是一個「入」鍵。

第九章

虛擬社羣：信任、蒙混與傳染力

若沒有某個程度的信任，就不可能有羣體生活，即使是在陌生人的中間。我們盡力尋找一個好社區居住，在那兒我們信得過周遭的人不會隨便兜搭我們或者毀壞我們的財物。我們必須信任我們的會計師和醫生，相信他們有相當的能力照顧我們的資產和身體。網際空間究竟能夠加強多少的信任？有些網際樂觀主義者(cyberoptimists)，好像戈爾、托氏夫婦、吉爾特(George Gilder)和耿格奇(Newt Gingrich)等人，相信電腦科技會讓知識下放、消除種種等級制度、將人民從政治壓迫解放出來；但是社會科學家福山(Francis Fukuyama)卻要令他們掃興了。福山著文說：「信任並不是長駐於綜合電路或光纖電纜裏面。雖然涉及資訊交換，但信任是不能簡化成資訊的。」[1] 反之，「信任是從一個行為端正、坦誠、合作的羣體裏面所產生的期望，建基於……那個羣體成員之間……共同遵守的行為準則上。」[2]

網際空間蒙混

白藍特是位網際大師(cyberguru)，也是三藩市在線服務公司《井》的創辦人；他報道說：於1982年，有個由四十人組成的小組，與拉竹臘（La Jolla）一所研究院合作，成立了一個私人在線網絡。他們沐浴在網際極樂之中凡六個月之後，一名身分不明的成員開始張貼焚焰。沒多久，整組人都忙於揭發誰是焚焰者，以致一切有用的討論都荒廢了。那名無禮的網際太空人一直沒有給查出來。白藍特說明：「這事不但導致那個線上社羣解散，更永久的影響了那組人在面對面生活時彼此的**信任**，因為他們一直沒辦法猜到是誰做的好事。直到今天，他們仍然不曉得那人是自己當中哪一位。」[3]

在很多方面，網際空間本質上很容易導致蒙騙，就如我們早前提到的關於性別身分滑變和採用虛假身分等事例一樣。然而，互聯網上的蒙混可以達到遠超乎在MUDs和MOOs裏的幾個冒充身分。1995年4月20日，俄克拉何馬市爆炸案發生之後翌日，使用者網路資料庫（misc.activism.militia）內張貼了一個信息：

> 俄市被聯邦調查局（FBI）轟炸。他們現已啟動黑色行動，為要散播更多恐怖意識。……他們會將此事與威叩市事件相提並論。雷諾（Janet Reno）是背後黑手。這行動將會達到目的，因為媒體會說服人民。預料會出現鎮壓。將你的槍械埋好並使用密碼。[4]

這信息在《三藩市紀事報》（*San Francisco Chronicle*）、《今日美國日報》（*USA Today*）、《新聞日報》（*Newsday*）、《阿特蘭大日報憲章》（*Atlanta Journal-Constitution*），以及其他報章均有報道，全都因該信息所產生的駭人前景而震驚。但是，撰寫該信息的人並不是一名兩眼發直的極端分子，而是個就讀於蒙特拿州大學(University of Montana)的新聞系學生；他張貼那段信息也只是想開個玩笑而已。[5]《地下互聯網》報道這篇惡作劇文章，同時亦開列了一個「互聯網騙局龍虎榜」(Internet Hoax Hall of Fame)，榜上有名的包括有人聲稱解剖外星人屍體、微軟收購梵蒂岡、徵收數據機稅、冒充的政治網頁等等。[6]

為何這些蒙混如此普遍，又如此難以偵破呢？《地下互聯網》那篇文章的作者金博普(Bob King)，有以下精闢的見解：

> 互聯網是個對虛假全無阻嚇力的通訊媒體。沒有人看得見你或聽得到你，也不能夠肯定說出你的所在，或者斷定你所說的一半事物的真假。在一個人只不過是浮動在熒光幕上的角色之世界裏面，你大可斷絕數段關係也無妨。[7]

他進一步表示，有些人雖然會懂得對其他媒體存疑，但是他們在電腦熒幕前卻每每輕易上當，「互聯網彷彿是個通往政治陰謀及投資情報等祕密消息的大門」。[8] 有個流傳網際空間的口號，說「資訊需要自由」；但是免費的資訊卻不一定是真的。[9]

互聯網加上視象(資訊高速公路的其中一個承諾)也不能保證十足的真實，因為視象變形技術令擬象顯得出奇的真。電腦擬象專才哈舒預測十年之內，「網際空間將被CG(卡通圖形〔cartoon graphics〕)人物所佔據，他們跟真人難以區別。」[10] 古語云「眼見為實」於今已不足信，最少在電子媒體如是。《時代周刊》用數碼技術弄暗封面上辛普遜(O. J. Simpson)的臉孔，就恰好是個例子。倘若不是《新聞周刊》把同一張但未經改動的臉部照片刊登出來，就沒有人會看出其分別。這一類數碼蒙混也可以在網際空間進行，而且也許永遠不會被揭發。[11]

米切爾在《美國科學》雜誌一篇令人憂慮的文章說：「我們很快會去到一個地步，就是無論是大多數日常生活中所見到的影象，還是塑造我們對世界的理解的影象，都會用數碼形式記錄、傳送、加工。」[12] 在數碼篡改技術還未出現之前，改動過的照片很容易被看出來。今天，「篡改數碼影象的方法，不再是用手改動照片表層，而是改動儲存在電腦記憶體內的象素值。」[13] 這個加工程序頗能把改動隱藏得天衣無縫。米切爾預測「資訊高速公路將會帶來的視象資訊，是日益澎湃的數碼格式的資訊，但是我們必須極小心地將事實與虛構的和虛假的篩分。」[14] 這種必須時刻存疑的心態是很難建立互信的羣體。

電影奇才盧卡斯(George Lucas)最近利用電腦擬象來製造大堆頭羣眾場面以減省開支。在電影《白宮奇緣》(*The American President*)裏面，觀眾看到米高德格拉斯(Michael Douglas)演講國情諮文。不過他並非身處眾議院，也不是真的有一千五百人在座。眾議院場景是用數碼技術加上去的，而真實的「羣眾」只有八十人，然後用數碼複製及加強技術增至一千五百人。[15]

如今整套的羣眾場面可以模擬出來，在電視或透過網際空間廣播。演員也可以用電腦從無到有製造出來。電影《鬼馬小靈精》(*Casper*)是描述一隻鬼的故事，主角全然是個數碼影象。《福布斯》(*Forbes*)一篇1996年的文章預言，到九十年代末將會有一部全由虛假的人做主角的電影上演。[16] 愈來愈多電影的情節是現場拍攝的——即是在網際空間，演出的有《侏羅紀公園》(*Jurassic Park*)裏的恐龍，或《反斗奇兵》(*Toy

Story) 裏的全組班底之類。[17] 最近有個啤酒廣告的主角是由已作古的尊榮 (John Wayne) 演出。種種不同的超真實性正在到處增多擴大，往往都是沒有一點點痕迹顯示，其實它們是超真實物體而不是普通實物。在這種環境所包圍下，人對一件物體的概念就會變得難以確定。

網際空間裏的薄人

信任與蒙混的問題又被在網際空間模仿人類的機械人(或作「薄人」) 弄得更加複雜。網際空間奇景之一是它個人化的非人格性 (personalized impersonality) 。有一晚，我收到一封由《紐約時報》寄來的電郵，説明我如何使用他們的在線服務。讀完那篇寫得清楚明白的信息後，我發覺「作者」是紐約時報訂戶部機械人。這一次，由不具人格之物假扮人是顯而易見的事，但並不是每次情況都這樣明顯。

「薄人」是機械人的簡稱，它潛藏於網際空間，但它並不是那種搬搬抬抬或到處急跑、搶走真實生活中的人在工廠裏的工作之機械人。薄人是一個電腦程式，在網際空間假扮人。它們常見於MUDs，也會在其他地方出現。

「朱麗亞」(Julia) 是卡尼基－梅隆大學人工智能專家毛德林 (Michael Maudlin) 為 MUDs 設計的一個薄人。朱麗亞於1991年開始在網際空間高視闊步。涂爾篙特別提到：「除了別的東西之外，在 MUD 的背景中，朱麗亞也能夠閒聊冰上曲棍球賽事，她密切留意球員行蹤，而且還會賣弄風情。」[18] 鑒於其高人一等的「記憶力」，朱麗亞更擁有一些多數人缺乏的特點。由於朱麗亞工作的地區擠滿虎視眈眈的男人，所以她常常使出尖刻而相當露骨的風趣話語來逐退種種挑逗。[19] 朱麗亞又名「多嘴薄人」(chatterbot) ，曾騙倒不少人，誤以為她是人——儘管1993年已經走漏矽密，而且有些深感厭惡的非薄人也曾舉行一個沒結果的「殺死朱麗亞」比賽。[20]

另一個政治意味較重的薄人是「西達阿澤」(Sedar Argic)，又名「巡馬薄人」(Zumabot)。它於1988年開始在互聯網上巡邏，在多個與土耳其或政治有關的新聞羣組張貼信息，來抨擊土耳其的文化。西達會在張貼紀錄中尋出關鍵字詞和片語，然後向發信者進行焚焰。這些反攻信息除了輯錄原張貼中的有關部分，還撒滿了侮辱，以及長篇論述關於第一次世界大戰在亞美尼亞發生過的穆斯林大屠殺的傳聞。該文除了寄往原來的新聞羣組外，還在其他羣組交互張貼，「以保證帶給受害者最大的羞辱」。[21] 然而，巡馬薄人的焰火有時會焚毀無辜者。他的程式設計令他使到凡有「Turkey」一字出現的羣組去張貼他的信息，於是他在感恩節期間發起瘋來，凡提及「火雞」這道主菜的羣組都受到攻擊〔譯按：Turkey 這個英文字可解作土耳其，亦可解作火雞〕。《地下互聯網》相信西達「或許是替外國情報機關做宣傳工作」。[22]

即使沒有朱麗亞和西達阿澤那麼複雜先進的電腦程式也曾騙倒過電子界精英。有個叫伊莉沙(ELIZA)的程式，不用靠實際的人工智能便能模仿人的談話。儘管如此，伊莉沙還是說服到一名網際太空人，把自己性生活中一些祕密向她和盤托出！另一些叫「代理人程式」(agent programs)的薄人，被用來接聽電話、自動寄送郵件、管理正在進行的電郵討論。[23]

雖然在真實生活中，我們偶然也會被愛穿異性服裝的人或假冒者愚弄，但是誤將機器當作人則甚不尋常。由於身體的存在有其輪廓外形，所以欺騙的範圍就受到一些限制，而該等束縛則甚少存在於網際空間。人可以進行對話，但這對話原來其實只是一場獨白。上文引述過的《地下互聯網》文章的一段引出語錄(call-out quotation)就頗能道出箇中滋味：「當然，它們或許只是電路而已，不過與電腦對話可以比你在線上所遇到的人談得更愜意。」[24] 這種心態——即使修辭誇張——只會降低我們對羣體裏其他人的尊重。比方説，人會寧願在線上跟「朱麗亞」作性談，也不肯離線學習正當的性行為。

薄人也可以寫一些看來是由真人撰寫的事物。有一套軟件的常備內容，可讓人用來為僱員寫評估工作報告。有些人選擇讓電腦程式替他們做大部分的工作，而不看重自己去檢討員工表現這件難辦的事中那點點的人情味。有一句金科玉律可在此用得著的，就是：試問那些使用這一類程式的主管們，你是否也期望**你們的**上司給你們的一份評估報告，其實是由薄人撰寫的呢？

薄人也正入侵新聞界。未來學家康尼時報道説：內布拉斯加州一家報館正使用一套「能寫體育報道的軟件程式；電腦一旦收集到少許事實，就能填滿整篇文章的其餘字數，為一場比賽寫出一篇令人透不過氣來的報道。」[25] 這確實是一篇透不過氣的報道，因為印刷品的另一端確實沒有人在呼吸。這些「報道」的作者署名一欄可有登出一個人的名字來？若是有，就使非人格性更添上了蒙混。

鑒於在網際空間裏，人與機器各自的身分是那麼容易混淆，使人不禁懷疑這究竟是怎麼樣的一個羣體。模擬人物也許使人神魂顛倒，但是跟一個薄人交流又怎能幫助我們變得文明起來、幫助我們與真實的人一起克服挑戰與困難呢？還有，假如大部分網際空間通訊的性質都是可任由薄人複製的一類，它又可以有多厚的人情味、有多真的溝通——即使它是人與人之間的通訊？[26]

「私人」代理人

熱衷網際空間的人，好像蓋茨和倪國邦等人，大肆宣傳「私人代理人」(personal agent) 的威力。「私人代理人」是一種薄人，為在互聯網上取得的資訊把關。鑒於現時資訊負荷過多，這一類功能就被視為必需的，用來將想要的資訊與不想要的分開。這一類代理人其實已經存在，只不過蓋茨想到代理人在預期中的資訊高速公路被使用的前景，就欣喜若狂。

> 也許〔駕馭數碼資料〕最引人入勝而又保證最容易使用的方法，會是徵召一個私人代理人代勞，而它將在高速公路上代表你。該代理人實際上是個軟件，但它會有一個你可以用不同形式跟他說話的人物。這將好比派遣助手替你檢驗存貨一樣。[27]

蓋茨眼也沒眨一下 (或將熒幕調暗一些)，就把我們與資訊間的互動人性化，又將無生命的機器人性化。那代理人是「私人」的，因為它的程式是由我們編寫的，但它不是一個有洞見、有幻想、有良心的人。蓋茨所說的情況並不像「派遣助手替你檢驗存貨」一樣，因為助手是個有靈魂的人，能夠運用良好的判斷力、慈心與智慧，或者低劣的判斷力、虐心與愚昧。蓋茨渴望能以最高效率 (「產品中**最容易**使用的」) 去駕馭資訊，就摒棄所有人與資訊之間的互動。在他的數碼烏托邦裏，有機器替我們做分類整理的工夫。

圖書館管理員累積多年的資料搜集技巧，熟練地找到我需要的某項特別資料，然而從此他再無用武之地了。求教於判斷力受我尊重的學者的日子，只好到此為止。在圖書館書架前隨意瀏覽時，碰到一名業餘哲學家的機會也從此不再。我們將處理資訊的工夫交付給不具人格的代理人去參詳，這樣我們就失去了與人類知識羣體的聯繫。我們可以用自己的靈魂為代價，賺取一個只有預先消化過的資訊的世界。

網際圖書管理員巴麗華相信「網際空間最有銷路的日用品將會是觀點」，你只需指定一個「知薄人」(know-bot) 去搜尋合你所想的資訊便可。你可以發號施令：「『可以了，知薄人林寶 (Rush Limbaug)』，或說：『好，知薄人奈達 (Ralph Nader)，去網上替我找些你認為重要的東西回來』。」[28] 在此便出現問題，就是思想很多時都顯得極其刺耳地空泛——死守立場但又不肯用理性的討論來證明立場的合理性；假如私人代理人只從一個觀點提供資訊，這個問題就很容易會倍增。當然，人可以同時利用林寶和奈達兩個知薄人，再將資料互作比較，但是中間失漏的又會有多少呢？

不論代理人有多精巧，電腦程式仍不能界定真理或意義，正如那個將火雞誤以為是土耳其的薄人所表明的一樣。代理人與其他搜尋器也許數碼「能力極高」(此詞為數碼烏托邦信徒於吹噓自己的新科技時，全然放任地使用的字眼)，不過對於搜尋其程式以外的簡單資料則毫無線索。法羅斯 (James Fallows) 解釋說，雖然電腦資料搜尋「極快且準」，但人必須切實地曉得自己尋找的是甚麼。

> 假如你心目中的文章比你的搜尋目標時段早一天或遲一天刊登，或者假如你想找的名字其實有21個字位而不是20個，又假如由於報紙植字把「克林頓」誤作「克頓」，你就找不到那些文章，而你也永遠不知道自己曾經離答案有多近。[29]

雖然法羅斯對這些搜尋系統仍然深表讚賞，但是他的話卻顯露了那些系統的局限。司徒爾指出，電腦製造的書籍索引擁有令人驚歎的能力但全無智力。比方説，「『厚皮珍寶』(Jumbo the Pachyderm) 就不會列在『大象』一欄之下。」[30]

蓋茨與數碼事物談戀愛，弄得他那種人類獨有的眼界變成模糊一片。這在他那本書裏處處可見，例如他歌頌「無摩擦的資本主義」(Friction-Free Capitalism) 將會在經濟市場上淘汰愈來愈多的代理人——當然這是為了減省成本和增強生產力！[31] 翟普民 (Gary Chapman) 寫過一篇題為〈無摩擦的經濟？失業。啊，難就難在這個〉(“Friction-Free Economy? No Jobs. Aye, There's the Rub”) 的文章，非常發人深省，結束時他說：

> 在讚頌「無摩擦」經濟將臨的豪情壯語之背後，裝上的是個計時炸彈：把數以千萬計的工人歸結為僅是摩擦而已，並擱到一旁，這實在是個爆炸力強大的想法。

人以製造摩擦而臭名遠播；但在另一方面，矽卻是全無摩擦力 (而且了無生命)。蓋茨所期望的網際空間，不是我想生活的地方。不管怎樣，我很可能會失業，被一個通天曉薄人哲學家或教授弄到無家可歸。

倪國邦聲稱：「今天被我們稱為『以代理人為本的介面』的，將會成為電腦與人互相交談的主要工具。」[33] 私人代理人已可代你挑選娛樂方式，不論是音樂、電影、書籍或電視節目均可。那麼，人為甚麼還要費神徵詢朋友意見、與店舖裏的人傾談 (他們已經埋首於電腦打出來的訊息，比對實際的存貨單更感興趣)、或者親自翻閱硬性物件呢？個人娛樂挑選代理人已可以全都代勞，它繼而進一步腐蝕人的羣體所必須有的個人接觸。[34] 這把繭居生活推進新高，我們不但獨自消費娛樂，連挑選事物也不用任何人協助。

不用多久，凡事都會由機器居中解決。身處其中、親自處理，都由數碼形式取代。倪國邦在暢銷作品《數位革命》(*Being Digital*) 的鳴謝詞中，向一名「管理我辦公室，也管理我」的女士致謝。他又說：「真正有智力的電腦代理人仍有待一段頗長的日子方能出現，因此擁有一個優秀的人類代理人就很重要（也很難找）。」[35] 我懷疑這位女士是否知道她得到鳴謝的工作，其實是倪國邦相信有一天可以由一部機器為他完成的。倪國邦的恭維所帶來的是她最終要失業的預言。

在自然的羣體生活中，人的直接體驗由機器取代，正好符合布希亞所鑒定的那個令人困擾的、較大的社會模式：

> 有種普遍的貶損正在發生，從此願望、能力和知識，雖沒有遺棄，但都拱手讓了給另一位——第二個**代理處**。不管怎樣，事情已經發生了，熒幕影象、照片、視象、新聞報道都經過濾，我們只能得到那些已經由別人看過的事物。我們真的不能領會任何未經別人看過的事物。我們指派機器為我們做觀看的工作——好比，不用多久，我們將會指派電腦為我們作所有的決定。[36]

虛擬傳染力

在**虛擬**社羣裏，網際空間連接的效率提高了，就產生**病毒**社羣的威脅。連接性愈高，受傳染的可能性也愈大。資料傳輸速度愈快，資料損毀也愈兇。當人開始到新世界勘探和開拓殖民地的時候，他們帶著當地居民全無免疫能力的新病症前往，無數人因此而病死。同樣地，人在網際空間勘探和開拓殖民地，創造了一個電子資訊傳輸的「地球村」。[37] 於是電腦病毒便出場，而電子「村」似乎對它全無免疫能力。

直到不久之前，病毒仍僅屬於生物的範疇。如今它們更屬於數碼範疇，在由連綿千里的纜線連接的電腦裏面造成嚴重破壞。這些有傳染性的程式，可以抹寫硬碟、損毀資料、施加種種災難，端視乎製造病毒的黑客那變態的熟練程度高低而定。大量謠傳但不真實的病毒導致的緊張，已與真病毒不遑多讓。假如人人都接駁到有毛病的程式，地球村甚至有可能經歷一場全球瘟疫。西博克講述他恐怕自己電腦透過電子郵件感染了蠕蟲(一種病毒)時所體會到的慌張：「我對這個新媒體感到興奮莫名，以致沒有考慮到當我上線時，我是把自己的作品和自己最私人的反省默想放置在一個地方，是離開……〔那〕不理我死活的……怒吼著的資料公路，僅僅數寸之遙。」[38]

嚇破了膽的旅人和給撞死的物體多得難以想像。有兩次，我在一個據稱是基督徒交談室裏面遇上一名惡人；他向眾人亂擲褻瀆和幼稚的辱罵，又打出連串古怪符號，令我的熒幕現出一個「發生了錯誤」的信息並停止運作。我關了電腦然後再開機，那個問題就不見了(我假設他沒有安插數碼計時炸彈)，不過那已是來自網際空間的一次頗意外的襲擊，我甚至不曉得自己有被襲的風險。自此以後，我已了解到，市面上有一整本一整本的書籍和期刊，專門探討如何撰寫及傳送電腦病毒的新方法。[39]

電腦黑客已經試過擅自闖入五角大廈的電腦系統，並盜取了數以百萬計美元的數碼記錄、進行未經授權的監視行動，以及更多更多其他的事。只要有大規模實施的新科技，就有行惡的新力量出現。在網際空間使用信用卡或者透露任何機密之前，你就要三思。電子隱私是無法保障的，它的一切都記錄在某一處，而又總有人可以上去擷取——不管是合法的還是不合法的。

電腦專家史沃濤(Winn Schwartau)告誡說：「我們生命的精髓已散布於成千上萬的電腦和資料庫裏，而我們控制那些電腦和資料庫的能力卻微小得很，甚或完全沒有。」[40] 我不會稱透過互聯網傳送的資訊為「我們生命的精髓」，不過史沃濤的話很有道理。況且，「悲哀的事實是，這些界定我們為一個人的紀錄一直依舊不設防，任人蓄意竄改、擅自公開，或者徹底破壞。」[41] 史沃濤寫的一本詳盡認真的著作《資訊爭霸戰》(*Information Warfare*)驚人地揭露這類的問題。地球村有潛質成為非常駭人的地方，在那裏你可能沒有隱藏資料的地方。

除了用科技設計出來的病毒之外，網際空間又是個服從的媒體，聽命於羅殊戈所謂的「媒體病毒」，意思是指，概念以種種方法，透過電子媒體用高速及新穎的方式感染羣眾。[42] 互聯網的運送系統促使概念的散布越過了傳統的中介，如：編輯掌控、紙張印刷、物料運輸等等。當然，這些可以用在好事上也可用到歹事上；但是毒性特強的概念能夠透過網際空間以前所未有的方法污染人的思想。

自稱為「美國黑人新聞雜誌」的《冒起》(*Emerge*)最近發表了一篇文章，揭發那些斷言以傳教者身分去利用互聯網謀私的種族主義組織。不同的白人優越論者核心成員——新納粹主義分子、光頭仔(Skinheads)〔譯按：Skinheads 是指仇視亞裔移民的英國流氓團〕、身分組織等等——都使用尖端科技誘人入會。1996年4月，一個光頭仔集團散布了一張照片，裏面有一名白人正在踢一個俯身彎腰的黑人。[43]另一散布仇恨的組織鼓吹利用網際空間的隱名特性，張貼一些好像是「敵方」(非洲裔美國人)所寫帶侮辱性的信息。他們又提出另外一些卑鄙的種族主義行為的建議。[44]一名白人優越論者宣稱「網際遊擊隊」(cyberguerrillas)應「抓緊武器，就是互聯網，而且要熟練地將它揮舞起來」。[45]

固然，打從罪臨到世上開始，這種無理性的歧視已在張牙舞爪，而網際空間只不過是打開了一個新的門戶，迎進這一類種族間的刻毒態度，好像酸性化學物質一樣，腐蝕我們建立多元族裔羣體的努力。有些民權組織，例如南方扶助貧民法律中心(Southern Poverty Law Center)的防備三K黨方案(Klanwatch Project)，正在嘗試監察這些組織。防備三K黨方案人員羅莉(Angie Lowry)留意到：「他們的網頁設計極之精巧。非常易讀，圖表又醒目。與舊日相比，互聯網能讓那些與組織看法相同的人更容易連絡他們；從前你要先寄二十塊錢到一個郵政信箱，然後等著收小冊子。」[46]互聯網又容許偷偷摸摸的這類組織可前所未有地互通消息。除非正派人士能一致地和勇敢地為種族平等與種族修好表明立場，否則正在焚燒的十字架或會爆出星火，像野火一樣蔓延於網際空間道德敗壞的區域中。

阿氏連線

儘管網際空間會給羣體帶來很多危害，但是如果用得小心，又以實際明確的方式限制於現實世界的範圍內，這個媒體就能幫助創建和鞏固羣體。雖然《有線》雜誌通常都只是沉醉在尖端(及非尖端)網際空間科技和哲學那個年輕而又靜不下來的世界，但近日卻發表了一篇關懷體貼的文章，全篇環繞著一個方案：專門協助阿耳茨海默氏病(Alzheimer's)〔編按：Alzheimer是「老人癡呆症」的學名〕患者的配偶在線上得著一種羣體生活感覺。

「阿氏連線計劃」(Alzheimer's online project)在阿氏病患者家中安裝電腦，目的是讓感到孤立無援、四面楚歌的患者配偶彼此聯繫起來。該計劃研製了一個特別網絡，將傳送電子郵件的步驟簡化並加以說明，因為六十五歲以上耆英一般甚少接觸電腦。該篇文章撰寫期間，已有二百多人參加，包括一位叫賴納斯(Linus)的男士，他說電腦「成為了我的生命線。假如有人來對我說要取回它，我就會說『不如拿走我的左臂算了』。」[47]

對這些需要極大的人來說，網際空間成了他們給予和接收意見及鼓勵的一個地方；當甚麼也不在手邊之際，那個媒體能滿足一個迫切的需要。阿氏病患者日以繼夜地無時無刻都佔用著別人大量的時間和精力。年邁的配偶已經沒有多少交際或娛樂的機會，所以這情況就變得尤其艱難費力，而鑒於這些嚴重的有形限制，又快又容易的電子郵件，能為這些正在孤軍作戰的心靈提供點點慰藉。通常在電子接觸之後，都會有用電話和會面作跟進的。

在1995年，全國資訊基建獎(National Information Infrastructure Awards)從一百五十個申請單位中，挑選了阿氏連線計劃為該年度的社羣大獎冠軍。該組織發言人巴斯康(Scott Bascon)正確地指出：該計劃「示範了甚麼是生活在一個連接成網的社會。在其中，生活變得豐富；在其中，科技被用來粉碎一些十分堅牢的障礙。」[48]

甚麼事情令阿氏連線計劃做到支援小組的功能呢？雖然該計劃是為那些原本孤立無援的人減輕苦楚，並帶來知識和友誼，但是沒有因此而美化凡屬數碼的事物。在這個情況裏面，涉及的人都是走投無路才學用這個技術的，他們處境之極端，甚至其他通往羣體生活的渠道都關閉了。(然而，不是所有照顧阿氏病患配偶的人都陷於這樣的景況)除此以外，又有精通電腦的人細心而又義務地協助長者們安裝電子郵件網絡。

甚少人初入網際空間大門時，能得到這種高度個人化的指導。而且，參與計劃的人的鑒別力在電腦發明之前已經形成。他們似乎傾向於視這個媒體為書信的一種變奏——速度更快，聯繫的人也更多。很多透過電子郵件建立的關係後來還演化成更個人的交往。不管如何，這個連線支援小組如何支撐著一個由受著類同苦楚的人組成的社羣，可以成為借鏡，示範了善用網際空間的方法。

一般來說，若想恢復國家生活所必須有的那種羣體生活，就要有來自人的接觸、人的聲音、人的凝視的恩惠。真正的羣體生活透過親身表達的真誠而光芒四射。網際空間(不管做得多麼使人信服)只能摹擬——不能營造——或者反照這些。不過，它可以騙倒我們，誤以為連接就是羣體生活、資料就是智慧、效率高就是優秀。假如我們保持將網際空間緊貼著現實世界，假如我們可以拒絕試探、不用虛擬的來換走真實的，它就能成為我們的僕人。倘若不然，它就會成為一個既嚴苛又無道的媒體主子。

註釋：

1. Francis Fukuyama, *Trust: The Social Virtues and the Creation of Prosperity* (New York: Free Press, 1995), 25.
2. 同上，頁26。
3. 在John Seabrook, "My First Flame," *New Yorker*, 6 June 1994, 72引述；強調語氣為本書作者所加。
4. 在Bob King, "Web of Deceit," *Internet Underground*, June 1996, 26引述。
5. 同上，頁28。
6. 同上，頁29。
7. 同上，頁28。
8. 同上，頁29。
9. 參Robert Wright, "The Cybersmear," *Time*, 8 July 1996, 46。
10. Daryll Fogal, "Real Fake," Interview with Martin Hash, *Wired*, 157.
11. 參Clifford Stoll, *Silicon Snake Oil* (New York: Doubleday, 1995), 84。
12. William J. Mitchell, "When Is Seeing Believing?" *Scientific American*, February 1994, 70.
13. 同上。
14. 同上，頁73。
15. Randall Lane, "The Magician," *Forbes*, 11 March 1996, 124.
16. 同上，頁124。
17. 參Paula Parisi, "The New Hollywood Silicon Stars," *Wired*, December 1995, 142ff。
18. Sherry Turkle, *Life on the Screen: Identity in an Age of Internet* (New York: Simon and Schuster, 1995), 88.
19. 同上，頁90～93。
20. Michael McCormick, "Invasion of the Internet Impostors," *Internet Underground*, July 1996, 40.
21. 同上，頁39。
22. 同上。
23. 同上，頁40。
24. 同上，頁37。
25. Edward Cornish, "The Cyber Future," *The Futurist*, January-February 1996, special section, 7.

26. 這一個真知卓見歸功於古麗碧。

27. Bill Gates with Nathan Myhrvold and Peter Rinearson, *The Road Ahead* (New York: Viking, 1995), 79.

28. John Whalen, "Super Searcher," Interview with Reva Basch, *Wired*, May 1995, 153.

29. James Fallows, "Computer: The Java Theory," *Atlantic Monthly*, March 1996, 116.

30. Clifford Stoll, *Silicon Snake Oil: Second Thoughts on the Information Highway* (New York: Doubleday, 1995), 197.

31. Gates, et al, 157～83.

32. Gary Chapman, "Friction-Free Economy? No Jobs. Aye, There's the Rub," *San Jose Mercury News*, 15 January 1996; Business Monday section; online documentation. 有關科技演變對失業率的影響，參Jeremy Rifkin, *The End of Work: The Decline of the Global Labor Force and the Dawn of the Post-Market Era* (New York: G. P. Putman and Sons, 1995)。Rifkin的陳述和憂慮遠較他對未來政策的建議更合情理。

33. Nicholas Negroponte, *Being Digital* (New York: Alfred A. Knopf, 1995), 102.

34. 參Stoll, 95。

35. Negroponte, 235.

36. Jean Baudrillard, *The Transparency of Evil*, trans. James Benedict (New York: Verso, 1993), 167；強調語氣為本書作者所加。另參Jaron Lanier, "My Problem with Agents," *Wired*, November 1996, 157～58。

37. 然而，「地球村」沒有甚麼地方與地理上的村莊相似。參Stephen L. Talbot, *The Future Does Not Compute: Transcending the Machines in our Midst* (Sebastopol, CA: O'Reilly and Associates, 1995), 105～13。

38. Seabrook, 73.

39. 參Winn Schwartau, *Information Warfare: Chaos on the Electronic Superhighway* (New York: Thunder's Mouth Press, 1995), 107。

40. 同上，頁17。

41. 同上。

42. Douglas Rushkoff, *Media Virus: Hidden Agendas in Popular Culture*, revised edition (New York: Ballantine Books, 1996).

43. Nathaniel Sheppard Jr., "Hate in Cyberspace," *Emerge*, July 1996, 119.

44. 同上，頁38。

45. 同上，頁36。

46.同上。

47.Michelle Slatalla, "Who Can I Turn To?" *Wired*, May 1996, 119.

48.同上。

第十章

線上基督教？

今天，不少基督教圈子中人毫不遲疑地取用網際空間科技，例如若干軟件程式聲稱能夠促進——或者甚至革新——我們對聖經的認識。有些互動式唯讀光碟載著整本聖經（有時還是原文版本）、研經工具，甚至錄象片段。超文本連結容許使用者從一個功能跳到另一個，差不多瞬即便能成事，整本聖經就在指尖之間。假如，比方說我想找出在新國際版本、英王欽訂本和當代聖經版本裏所有提到**世界**一詞的經節，只要按幾個鍵，資料就會出現眼前，而不需抬出一本厚重的詞彙索引。

有些電台節目主持人帶同聖經軟件進到錄音室，幫助他們替打電話入電台的聽眾解答有關聖經的提問。他們啟動自己的手提電腦來執行程式，再暗暗地按鍵，搜尋經節。我是電台節目常客，觀察過幾個主持和嘉賓操作自己的機器。有趣的是，我總能比他們先說出經文，若不是靠記憶（那個古老、低科技方法），就是靠翻閱我那本用得殘舊了的《新國際版研讀本聖經》（*NIV Study Bible*）。有時，他們那些昂貴而「威力高超」的程式會發出奇怪、不請自來的聲音，又堅拒出示需要的經文。他們的電腦答應過可以快速存取和隨時查引，但卻做不到，而我那殘舊不堪的好朋友——「那本可敬的**書**」，反能好好的完成任務。為甚麼是這樣的呢？

答案不在於電腦無能。我說到的電台主持都是認真扎實的基督徒，而且熟讀聖經，甚至還可能比我透徹得多。他們帶備手提電腦為的是想幫助人，而不是想補自己的不足。我帶了自己的聖經，裏面滿載我加上的紅線、眉批、書籤，因而佔了優勢。那種身體力行的經驗確有不可取代之處，即使電腦程式不管威力多猛，也沒有一個可以比得上。

拼接聖經

聖經軟件擁有的超文本性能還可能帶出另一個陷阱。它導致使用者將聖經分成「資訊塊」(info-chunks)，而不去了解聖經的文脈、歷史背景、整體的神學意義等。我可以命令電腦找出十七節講及悔改的經節，然後將它們串連在一起，再列印出來做講章素材，而沒有了解每一節原文的文學語境之細緻差別，它們究竟是屬敘事，還是智慧、詩歌、訓言，就不可而知。資訊擷取並不等同按著正意分解主的道。[1] 既然電腦不能辨別字義，我們也不能期望它們作出正確的判斷。那得由我們靠著神的幫助自己擔當了。

正如歷史學家諾爾(Mark Noll)在《福音派思想醜行》(*The Scandal of the Evangelical Mind*)一書中所說，即使在網際空間技術發明之前，美國基要派和福音派都傾向於將聖經斬成資訊小塊。保守的新教徒常常將經文從原來的背景抽出來，再根據專題類別排列，構造出一種剪貼式的神學，而不是看聖經為一個集不同文學種類而成的統一體，它們全都展現神的真理。

諾爾表示在不少福音派人士中間，這些源於十九世紀的傾向仍在「暗中破壞盡責地過理性生活之可能性」。他們之中仍存在著「一種癖好，總喜歡將聖經經節當作是一件件拼圖小塊，只〔需〕加以分類，然後拼合起來，就能擁有一幅神的真理全圖。」[2] 系統神學的工作是要我們對整本聖經聲稱擁有的論點有所了解，並加以整理。剪貼的做法無視我們從整體上了解聖經的需要，而不是只顧把一段段經文抽出來，單獨地看其表面意思。超文本聖經軟件很可能加重這種不幸傾向，催使我們離開聖經本身的意思更遠。

更糟的是，有些人使用一些可以代人組織講章或聖經教材的程式，就好像有些程式只需人花很少工夫，就能寫出人事檢討和體育報道般（參第九章），這是一種數碼式抄襲。[3] 牧師用別人的講章來講道應受到處分，甚或被解僱，這是公正的做法。牧師若採用電腦講章，就等如講一篇部分由電腦程式寫的講章。他們寧願用一篇不是聖靈啟示的、不是自己原作的通用信息，也不願熟讀經文、戰戰兢兢地思想神的話語、誠心祈求智慧，使他滿有能力地向教會用愛心說誠實話。

我們面前排放了大堆聖經的精確資料，全部整整齊齊的由軟件分門別類；於是我們為之迷倒，還以為自己已經掌握聖經，其實卻只是掌握了軟件（最少掌握了其中一部分）。多倫多大學（University of Toronto）麥路恆課程（McLuhan Program）主任德克霍夫（Derrick de Kerckhove）理解到輕易便取得資訊的問題所在：

> 假如想要便可以隨時得到，為甚麼還要不厭其煩地學這些事物呢？這正好相反，你會發覺不懂得某些事物對你更有益處，因為發現事物的過程也許比較發現到

的內容更有用、更令人興奮。已有的真正權威〔電腦〕系統，再加上配備快速學習曲線的精巧神經網絡，來增強效果，那麼你甚麼專家也不用做了。[4]

以電腦代替智力

帕斯卡曾寫下人類「記憶是一切思想運作所不可缺的」之説，[5]然而今天的人往往倚賴電腦記憶體多於信賴自己的記憶力。使用快如閃電的搜尋功能把聖經文本和工具召出來，比較「將你〔神〕的話藏在心裏」和在神面前默想祂的話，可會是更令人興奮的嗎？[6]在網際空間文化中，這是個常存的誘惑。對於聖經盲和神學無知這些流行病，解決辦法不是供應更大量的資訊，反而是由塑造鑒別力而來，使人對聖經真理的了解成為生活中影響深遠、奠定基礎的事。

有些人還沒有學會看神的話語是客觀的、絕對的、普世的真理，並在其中安享豐盛；若向他們亂拋聖經軟件，也是於事無補。民意調查員巴納(George Barna)詢問「重生得救基督徒」對「絕無絕對真理這一回事。兩個不同的人可以用兩個完全互相矛盾的方法界定真理，而兩個都仍然是對的。」這番話的意見，發現在1991年，有52%的人同意這説法。到1994年就激增到62%的人，較非宗教世界的比例增長得還要快。[7]真理衰微的問題所及，較科技所能補救的深得多。如此大批的羣眾不再承認基督是惟一也是最終的真理，沒有最深層的悔改和再度教育是不行的。[8]

雖然聖經軟件的內容和本來想達到的目的也許很了不起，不過這些技術的效應可能結果是事與願違。我們可能沒有變得愈來愈酷似那些備受稱讚的庇哩亞人——他們「甘心領受這〔保羅的〕道，天天考查聖經，要曉得這道是與不是」，[9]反而變得更像老底嘉教會般——他們自以為富足、一無所缺，其實心靈卻是「貧窮、瞎眼、赤身的」——需要悔改。[10]

相反地，倘若人是透過不住閱讀書本形式的聖經而形成鑒別力的話，那麼使用聖經電腦程式也可以是個輔助工具。舉個例說，我有個朋友常常上國內電台一個聽眾來電直播節目做嘉賓。他告訴我他有帶自己的手提電腦進直播室，若一時間不能在自己的聖經找到某段經文，也可借助電腦查出章節資料，但他不是把沒有想到的經文召出來。他是經過多年——在沒有聖經軟件輔助之下——鑽研聖經，而認識聖經的真理的。然而，他要為來電聽眾查出經文的確實章節編號時，搜尋功能就很有用。當然，即使是這樣使用科技，也可導致人懶於背熟經文的內容和章節。

我們讓電腦代做動腦筋的工夫，就是在自己所製造的機器面前自我降格。電腦愈來愈「醒目」，而人類就每況愈蠢。溫納曾經指出箇中的吊詭：「資訊處理機器非常迅速地變得更『聰穎』，而世上的大多數人口則似乎走相反的方向。」[11] 美國教育功績下滑，惹來四面楚歌，於是「霎時間推出大量電子資訊，又將電腦廣置各學校，希望這樣做便可以作一些補救。」[12] 不過，沒有甚麼迹象顯示這些科技之內，或這些科技本身，有能耐整頓頭腦上的慵懶，不論是在學校裏還是在教會中。而正好相反的是，當人使用那些機器時，電腦那令人欽佩的功能可以導致神所賜予的智力退化。

我認識一位作家，她的出版商敦促她把最後修訂的文稿縮短，因為她屢屢修改，弄到文稿比原來的長了差不多三分之一。作者一絲不苟的審閱實際文稿之後，就提出抗議，指全書加添了不足百分之五，或許應重算字數。出版商回答說字數正確，因為那全是電腦計算出來的。蒲思曼捕捉了問題所在：

> 電腦因為看起來既聰穎又不偏不倚，所以擁有一種近乎魔幻的傾向，將人的注意力拉離那些主管官僚運作的人，轉向電腦本身，這好比電腦才是權柄的真正源頭。……我經常感到詫異，人怎麼可以不吭一聲就接納以「電腦顯示……」或者「電腦確定……」這些字眼作開始的解釋？這等同於一句「這是神的旨意」，而且效果也差不了多少。[13]

網際空間傳福音

由於網際空間擁有廣布全世界的連接網，所以基督徒視之為絕妙機會，可以介紹福音、為福音辯護。然而，這個機會又是另一兩刃利劍。電子布告欄、交談室、電子郵件都可以明確而有力地表達基督徒世界觀，只要人人都尊重那些討論板已經確立了的「網上禮節」(netiquitte)，也明白那個媒體本身的局限。研究員彭門德(Eric Pement)推薦幾個點子：第一，張貼訊息前，要認真詳閱不同訊息區域的內容，因為它們通常都有既定規則。在線上的輕率表現，決非見證基督的方式。第二，信息內容切勿離題，要緊扣不同電子布告欄所針對的主要題目。用基督教信息充塞不受歡迎的電子布告欄——相等於數碼式塗鴉——明顯是要不得的。第三，信息要短，因為讀者往往沒耐性看冗長的信息。第四，避免張貼任何不合聖經、無充分理據、文理不通的代表基督徒立場的東西。[14]

我們用上述方式進入網際空間時，切勿忘記所牽涉到的感知狀態。由於網際空間是離體的、非永久的，而且大部分都是屬於非個人性質的，所以不是解釋或辯論基督教信息的最佳環境，雖然在線上展開的交流或會發展成更動人的真身邂逅。彭門德注意到，在公眾電子布告欄「慎重地與私底下的聚首相配合之下(參加二2)，已有多人因而真心信主。」[15]

討論屬靈事情的場所至為重要，正如瓊斯談到他任宣教士時所舉辦的圓桌會議，說：

> 宗教最深層的東西都需要一個富同情心的氣氛。……為著找出甚麼是宗教最精緻優雅的一面，我們必須持開放的屬靈態度，心裏對神柔軟易感，甘心被屬靈事實的召喚導引。[16]

由於網際空間很多事情都傾向於與一個富同情心的氣氛相悖，所以我們使用時就要留神。然而，假如互聯網是傳送重要資訊到某地的惟一方法，就應當盡量加以利用。如果我不能面對面跟俄國一名無神論者討論基督復活一事，我就要珍惜通過網際空間與他交流的機會。

網際空間裏的神學院？

當教育機構——不管是否屬於基督教的——開始「在線上」上課時，就出現一種強烈的引誘，在「聰明的」科技面前變得愈來愈反智。目前已有幾所神學院宣傳自己是網際空間先鋒，透過線上課堂提供「遙距學習」，另外再加上唯讀光碟及其他自修素材的輔助。這些學院的賣點是學生無須出門前往神學院，學生可以就著自己的步伐在家裏自修——期間不用暫時停下手上的工作，他們可以師承最優秀的老師而不用跟他見面。這種企圖透過網際空間教育人的做法是個壞主意，理由有幾個。

首先，倘若這個趨勢持續下去的話，數以千計的教授將會失業，由「更優秀的教師」(很多時指媒體超級巨星) 取而代之；他們被噴穿網際空間，顯現在世界各地的熒光幕上。鑒於學術界就業情況緊張，很多有才能的人認為這是不祥之兆。他們把多年生命，以及成千上萬的金錢，投資在自己的教育上，到頭來卻被軟件裏的超級巨星們淘汰出局。

有關「虛擬大學」和「虛擬課室」的討論，很多時都忽略了或壓抑了這個生計問題。EDUCOM 是個由六百所大學及逾百個團體組成的聯盟，鼓吹虛擬校園，並預測到當互動多元媒體普遍起來之後，學生們就可以完全沒有教授也行。要到課室上課的科目將成為陳迹，而由電郵指導課補上。教師將透過電腦成為「旁邊的嚮導」，而不是「講台上的哲人」。EDUCOM 大言不慚地認為這些科技將會造福多些學生而又需要少些教師。這或許如是，但同時亦會大大貶低了教育的價值。[17]

其次，教授這些網際班級的超級巨星，用不著在整體上做個好教師，也能大受歡迎而且魅力四射。然而實際上最優秀的教師之中，也有不是著作等身的，全國各地也沒有大批人追隨他們旗下，有些甚至沒甚麼魅力可言。就我們所知，耶穌沒寫過甚麼(除了在沙上寫字那趟)，他開始傳道時追隨的人也不多，他也不起眼。蘇格拉底(Socrates)一本著作也沒有。但是那位默默無聞的教授的學生們——那些經過數年心靈對心靈的門徒訓練所造就出來的人，就透過教授的親身指導和對真理的奉獻，而得著無可量度的充實。教育放到線上，每每就很易脫軌，只因為人際間的動力不是失落了就是萎縮了。

有一所神學院刊登廣告，宣傳該院能夠「幫助你完成學位，而不會打擾你的家庭、事奉或生活方式。」你可以「利用電腦熒幕接連到……世上第一個設有全套服務的聖經學院兼神學院討論板；該討論板讓學生、教授、校友」以該院校的「全球性的社羣」身分來「彼此對話」。

但是傳統上，神學院一直都有「打擾」學生生活，而且理由充分。為了預備投身事奉，人必須全情投入於聖經解釋、神學、護教學、倫理學、實際事奉等等，這需要整個生命的轉移。然而，被神呼召的人若努力裝備自己、好好準備自己向一個諸多匱乏的世界傳福音，才會在種種壓力之下仍能堅持到底。在神學院的非虛擬校園內，學生是羣體中一分子，他們與教授交流、認識同學、當見習生、在(有牆壁的)圖書館裏消磨時間。在第八、九章談到「虛擬社羣」的問題，很多都會出現於「虛擬神學院」裏。話雖如此，仍有那麼一所學院宣稱：「是可以得到實質教育，教室可以開在網際空間。」但是網際空間裏並沒有甚麼課室可言，只有脫離軀體的資訊。

我作為一個神學院教授，不可能將自己翻譯成一隻唯讀光碟，或者期望在網際空間裏可以像在課室裏一樣影響人的心靈。不管那隻唯讀光碟有多「互動」，在任何一個時刻也只得一個有意識的執行者。人類最深入的交流至少要有兩個人參與其中，他們用口說出問題、意見、感歎，並用沒有說話的、藉身體語言——揚眉、斜眼、皺眉、淚汪汪、點頭搖頭——表示聽到並作出回應。這些不可約減的個人因素，以及很多其他如即興感和幽默感等因素，才可構成一次交談、一次對話，是沒有機器能夠參與其中的。[18]

教室能激發作出意外發現的本領，就是令教育生氣盎然的那種發現的智力火花。我常常都能感受到學生是否明白教材、甚麼事情令他們困擾、甚麼事情令他們厭倦、甚麼事情引起他們的興趣。當我覺得合適，就隨時停下來禱告。學生的提問可反映出他沒有做功課，我可當場責問，叫他難堪。上哲學課時，我可以扮作新紀元運動信徒或無神論者，又或相對論者，看看學生們懂不懂得怎樣理智地跟這些世界觀的人交手。

這種思想實驗室是不可能用程式設計或者模擬的；只能在人聚集一起尋求過濾真理時體驗得到。雖然保羅寫了一封詳盡的信給住在羅馬的基督徒，但是他仍然希望有更個人的接觸：「……我切切地想見你們，要把些屬靈的恩賜分給你們，使你們可以堅固。這樣，我在你們中間，因你與我彼此的信心，就可以同得安慰。」[19] 保羅知道有些重要的屬靈交流是沒可能身處遠方也做得到的。

不過，把神學資料放在線上或唯讀光碟裏，只要無損人類學習的動力，就不會損害具體的個人影響。假如有所神學院的學生想要遠處某神學院教授的一些資料，只要沒有損害到學生與自己本校教授的關係，那麼在線上擷取這些材料就是既有助益又合宜的。

基督徒既然熱衷於學習聖經真理，並加以廣傳，就應曉得自己使用的科技的利與弊。每個信息不論是否聖經信息，都受它的媒體影響。對於那些承諾要忠心見證神的話語的人，為傳播基督徒世界觀而尋找合適的感知狀態，應是個長期奮鬥目標。

註釋：

1. 參提後二15。
2. Mark Noll, *The Scandal of the Evangelical Mind* (Grand Rapids, MI: William B. Eerdmans, 1994), 127.
3. 筆者不大清楚這個範疇的程式有多高深，不過這種試探在科技的每一層面都應加以防避。
4. Derrick de Kerkhove, *The Skin of Culture: Investigating the New Electronic Technology: Tool, Toy or Tyrant* (Toronto: Somerville House Publishing, 1995), 62；在Donald L. Baker, "Welcome to the CyberMillenium Part One: Hidden Building Blocks of the City of Bits," *SCP Journal,* 19:4-20:1 (1995): 24引述。
5. Blaise Pascal, *Pensées*, trans. A. J. Krailsheimer (New York: Penguin, 1996), 651/369, p. 240.
6. 另參詩一一九篇有關默想神話語的智慧。
7. Charles Colson在 "Apologetics for the Church: Why Christians Are Losing the Culture War," *Christian Research Journal*, Summer 1996, 52引用。
8. 參Douglas Groothuis, "Telling the Truth Today," *Focal Point*, Spring 1995, 3～4；及David Wells, *No Place for Truth or Whatever Happened to Evangelical Theology?* (Grand Rapids, MI: William B. Eerdmans, 1993)。
9. 徒十七11。
10. 啟三17。
11. Langdon Winner, "Three Paradoxes of the Information Age," in *Culture on the Brink: Ideologies of Technology*, ed. Gretchen Bender and Timothy Druckery (Seattle, WA: Bay Press, 1994), 192.
12. 同上。
13. Neil Postman, *Technopoly* (New York, Alfred A. Knopf, 1992), 115.
14. Eric Pement, "Witnessing Through Computer Bulletin Boards," *Christian Research Journal*, Spring/Summer 1994, 7. 另參Baker, *Christian Cyberspace Companion*, 112～16有關網上禮節的論述。
15. Pement, 7.
16. E. Stanley Jones, *Christ at the Round Table* (New York: Grosset and Dunlap Publishers, 1928), 15.
17. 參Theodore Roszak, *The Cult of Information: A Neo-Luddite Treatise on High-Tech, Artificial Intelligence, and the True Art of Thinking*, revised edition (Berkeley, CA: University of California Press, 1994), 58～9。

18.參 Allucquere Rosanne Stone, *The War of Desire and Technology at the Close of the Mechanical Age* (Cambridge, MA: The MIT Press, 1995), 10～11。史東就人際間互相影響的論述頗具真知卓見，但不清楚她是否認為真正的互動只限於人與人的交往。

19.羅一11～12.

結語

意味深長的真實經歷

我就網際空間裏的心靈而作的討論——借用網際文化兩個流行用語，既無大聲數落也無大力吹捧，儘管還是貶多於褒。而我所能做的，也許用**反省**一詞最貼切。鑒於現時人趨向於崇拜科技，所以必須點出一些不良影響，方能取其平衡。按照這個說法，消極就是積極。[1]數碼烏托邦信徒對網際空間熱烈唱好，很容易就只看到自己機器的威力而忽視一切；他們往往把性能和速度等同於道德和社會的進步。然而，兩者既不相等，也不相關。一個世界級運動健將，不管他的力度、體能、肌肉之發達是多麼的令人歎為觀止，但是或許他並不懂得怎樣做個忠心的朋友。網際空間科技——如超文本——或許叫人目眩驚詫，卻不能使人變得更崇高尊貴。驚歎不一定等如已有改善。我們使用新科技之餘，也應利用幾個察驗的原則，而這些原則既不是數碼烏托邦信徒那一套，也不屬於勒德分子所把持的那一套。

勒德分子對網際空間的了解

我對網際空間的反省，不應被當成是現代勒德分子的反省，即是好像英國工業改革初期那些勒德分子鼻祖們一樣，想把機器搗毀，好能恢復一個更好的社會的人般的。然而，勒德分子的觀察是對的；他們看到有些新科技導致工資下降、工作流失、家庭遷徙。他們不是所有科技都反對，他們只抗拒那些帶來不良影響的新科技。有些當代科技評論家，例如修正主義作家薩勒（Kirkpatrick Sale），大力讚揚勒德分子，同時亦完全不接受西方文化，反而贊成部落式的泛靈論。[2] 這些極端分子不理會人類進步的概念，誇讚那些絕不完美、遠離基督的多神教文化。其他的人，例如羅澤克，雖然自認是新勒德分子，但並不否定有些科技確能提升人類的生活質素。[3]

勒德分子的洞見值得三思：科技令我們的生活起了巨大變化、深受其害，甚至傷及我們的心靈。因此，我們對科技發展應保持一種宏觀態度。蒲思曼建議我們應該成為一種人：「雖欣賞科技的巧妙，但不認為科技代表人類可以達到的最高成就。」[4] 有些科技是應該拒諸門外的，有些則應欣然接受，但全都應一一加以分析，提防它們那些令人非人化和大傷元氣的傾向。

比方說，單單是電腦科技之錯綜複雜，已足以令業外人士心靈一再懊惱不堪（我這是經驗之談）。雖然網際空間被譽為連結世界與促進世界通訊新紀元的媒體，但諷刺地，電腦本身卻每每失靈，經常死不開口。就好像一個嬰孩，或者一頭寵物，不能告訴你哪兒不舒服一樣，電腦系統也可能出現古怪信息、熒幕凍結，以及大多數電腦用家也不能理解的神祕故障，而令操作電腦的人大吃一驚、大惑不解、勃然大怒。當這些科技運作正常的時候，它們確能增進人與人之間很多種需求甚殷的交流，但是當它們失控橫行時，所有機器與人之間的通訊就都會中斷。[5]

數碼烏托邦信徒聲言，縱或間有瑕疵，科技變革是無可避免的，也是最終理想。我們必須祝福那無可避免的事，因為，畢竟「你不能將時鐘撥慢」(一句通常把所有理性思維截停的片語)。但是倘若時鐘走得太快的話，就必須調校到與現實配合。隱喻本身不能證明甚麼，它可以被扭成很多不同方向意義。我們只須意識到，較新的不一定更真更好，這應促使我們更深入分析自己的文化和世界觀。

漏洞百出的世界觀

很多評論網際空間的人是沒有採納基督徒世界觀的。一般而言，他們若不是藏起自己的世界觀，就是皈依不同形式的東方思想，或者追隨自然主義或後現代主義。雖然他們有些批評也站得住腳，不過就缺乏一個全面的觀點，足以指導我們穿越網際空間的崎嶇地帶。假如我們指望對網際空間的了解能引導我們趨吉避凶，那麼這個了解就要是建基於一個全面、貫徹始終、使人信服的世界觀裏。因此，就電腦科技的使用和理解而言，我們不但要看出非基督教的假設的謬誤，也要認識基督教世界觀的含義。

東方世界觀相信所有實體都是與神混為一體；這種世界觀欠缺一個超然而有位格的參照標準，可用來評核網際空間與心靈本身的道德和靈命。假如終極的實在者是超越人格和語言範疇的(一如東方泛神論所教導的)，我們就不可能用人類語言向人傳授真理。我們缺少了一把從上而來的權威的聲音，解答我們對終極的實在者的最大關注；反倒被迫依靠不合理的直覺和無可稽考的神祕經驗，而那些都永不可能跟一位活生生的神拉上關係。

舉例說，達里喜歡引述坎貝爾(Joseph Campbell)有關泛神論的言論，說到在生命最深處「我們與那非二元超越者(nondual transcendent)融合一致」。[6] 對坎貝爾來說，這種泛神論取向排除了固有的道德類別，而且表明惡是終極一元實在者的一種表現。他認為基督與印度教女神卡莉(Kali；常常被描繪成配戴人頭骷髏項鍊、口嚼人肉之女神)都同樣適合做神的象徵，儘管事實上，基督為了那些應為他的死負上責任的人捨生，卡莉則仍帶來死和滅亡。[7] 當然，這種觀點不可能給科技提供任何道德評價基礎——或者，就此而言，任何其他東西的道德評價基礎，因為在假設的生命合一之中，善與惡的類別已經連根拔除。[8]

同樣地，自然主義(或哲學性唯物主義)的世界觀缺乏一個超然的神靈，而且一定要在無法預測的進化模式中，試圖找尋方向。例如，司樂卡反對網際空間脫離軀體的存在，所提出的惟一的形而上論據也僅是指：直到目前為止，進化論都是緊繫於較廣大的物質世界。然而，這種說法要援引假設從前發生過的事，而這不表示現在或將來也必然會照樣發生。自然進化論的構想並不是要製造一股道德力量，反而僅是一個自然規律的程序，這程序可以選取多個方向發展——包括在網際空間逐步以科技取替自然。雖然進升者(參第二章)想透過為人體作技術上增值，而將進化轉到一個完全不同的方向，但是進化論本身並沒有甚麼反對進升者的抱負的說法。

一種單單建基於進化論的倫理，是措辭上的矛盾，因為在進化過程之上沒有一個道德標準，可賴以鑒定它和指示它應走的方向。這個哲學現實令司樂卡成為一名既沒有神也沒有啟示的先知。他像伯克斯一樣，靠借來的資產過活，而他自己就既不肯購買也不肯擁有這份資產。[9] 相對而言，跟隨基督的人和愛聖經的人就能夠把所有聖經啟示的豐盛，都用在自己的理性辨別能力和實際行動上面。

具體人格主義

正如我們在第二章討論過，聖經神學和靈性與具體的個人關係是息息相關、如影隨形的；因此，任何侵蝕這些關係的網際空間科技都必須受到抵制，或者監控。在不可能親身會面的情況下，網際空間科技能夠將除此以外就難以相敍的人連繫起來。那位患了不明病症的中國女學生的經歷説明了這一點(參第三章)。雖然西方的醫生不能親身診治她，但是她的病況可以準確地描寫出來，在互聯網上通報。在這一類的事例中，電子通訊並沒有取代具體的見面，因為若是沒有電子通訊，那個會面就不會發生。

然而，仍有人恐怕如果科技變得愈精密，醫生對有血有肉的病人就會愈來愈抽離，而且他們會聽信機器所作的診斷。現時很多人鼓吹借助由互聯網傳送的照片和醫療資訊，作遙距診斷。但是不用電腦協助的診斷卻能夠透露具體的人的整體狀況，這是個心靈與身體之間的神祕互動作用。最客觀的身體狀況評估也不可能捕捉到病人的主觀健康狀態。[10]

我經常透過電子郵件跟一位信徒傾談，他正在努力為種種屬靈問題尋找答案，他住在本國的另一方，雖然我們也有通電話，但是花在線上的時間，並沒有用來代替若非如此就會面對面相見的時間。我盡量幫他在當地認識朋友和取得教會支持，此兩者都能給予他我所不能提供的，就是肩膊上的輕輕一拍、一個擁抱、一個微笑，或者一份關注、鼓勵、憐愛的眼神。

數年前，我聽過電視上一位傳道人説：他的媒體事工透過電視「訓練門徒」。我真不以為然。透過電視確有可能傳遞資訊或者(更有可能是)娛樂人，但是聖經所說的門徒訓練所要求的，卻是多出這個很多。這訓練所需要的是一種持續的、道地的、具體的、雙向的關係，是不可能只透過電視無名無姓地訓練門徒。同樣地，我用電郵與提問的信徒通信並不是門徒訓練的一種，反過來說，以文字體裁供應資訊和提出意見是一種非常不完整的方法。在門徒訓練的整體過程中，我可能出過一分力——就好像在我的基督徒生命開始時，有位好友透過多封關切的書函為我所做的一樣——不過我並沒有做足一個師傅的工夫。

然而，在某些情況下，網際空間可能是殘障人士與外界聯絡的主要方法。假如人的體質不宜出外，或不能維持人與人之間的交往，在線上尋找某種與人聯絡的方式當然是恰當。困居家中的人可以透過互聯網與教會和朋友進行一些有益的聯繫，就好像第九章討論過的阿氏計劃那個個案一樣。在醫院裏不能走動的人也同樣可以得益。然而，牧師的一封電郵，永遠不能等同一趟醫院探訪。

儘管具體屬靈羣體本質上是不可取代的，作家奧利弗(Dennis Oliver)仍聲言最終會有連線會員的「網際教堂」(cybercongregations)的出現，因為「有潛在的可能，一切的教堂生活元素都可以透過互聯網表達出來。」[11] 令人驚奇的是，奧利弗竟然忽視了會眾一起唱詩歌、守聖餐、參加浸禮等等有形的實在經歷，這全都絕對沒有虛擬的等值物。這個顯而易見的愚念之能夠說得這麼毫無根據也毫不猶疑，只因數碼烏托邦主義見解已變得如此的無孔不入、不知不覺。

網際空間科技優越之處，在於傳遞資訊比從前的方法要快，又能把電腦之間的資訊串連起來。若在某一範疇中速度是極為重要，而且個人接觸則是毫不相關或貼在邊際時，我們可以在這情況下採用和贊成這些科技，只要我們投入得來，而不至於在離線生活中對心靈產生不利的影響。散文作家貝里（Wendell Berry）告誡我們：任何新科技都「不應取替或者擾亂那已經存在良好的事，這包括家庭和羣體關係。」[12] 哲學家博曼發覺，那些「向超智能（網際空間科技）交出自己本體」的人在不知不覺間已經傷害了自己。

> 他們在接通了通訊及電腦網絡之後，好比得享全知全能的力量；等到與網絡切斷連繫時，他們就打回原形，毫無實質、滿腹牢騷。他們再不可以憑本身的權利去掌管自己的生活。他們的應對毫無深度，又淡而無味；他們的注意力轉移不定、漫無目標；他們的職責感不明而且易變。[13]

緘默與網際空間的鑒別力

網際空間很容易會導致越分的行為，這個趨勢必須抵消，其方法就是謹慎地保衛鑒別力的形成，以及重視適用於不同生活處境的感知狀態。人活在這個備受吹捧的「資訊時代」，受盡不請自來的資訊大肆猛攻，而網際空間更加快了那個步伐。但是有限而易犯錯誤的人，在領受復活的身體之前，感性和理性方面仍然是有局限的。上一代的皮卡特早已經強調這一點，著人提防過度刺激與膚淺之間的因果效應。人若忽略緘默所儲備的力量，就會變得受盡壓迫，

> 因為今時今日，生活中分分秒秒都有太多事物擠到面前。無時無刻都有新事物送到眼前，他不能對這事實視若無睹，因為不管怎樣，他都要跟那些新事物打交

道……如果太多事物擠擁著他，而他心內又缺乏緘默的實質，足以最低限度消弭這一堆事物中的一部分，那麼可供他自由使用的情感與激情儲備，就不足以應付及回應所有的事物。於是，那些事物圍繞著他，重重進逼，找不著適當藏身之所。[14]

在網際空間文化流傳甚廣的其中一個謊話，就是認為暴露於資訊之下愈多——就這事本身而論，對個人和社會整體就愈有益處。就好像近期 AT&T 公司電視廣告以上氣不接下氣的語調表示：「人傳遞信息的時候，可以做的事實在無可限量。」AT&T 製作這個廣告，大概是取材自聖經的巴別塔的故事。世人要建造「一座塔，塔頂通天」，神就變亂他們的口音，使他們的言語彼此不通，終止他們那藐視神的計劃。[15] 今天，數碼烏托邦信徒相信，通訊科技能夠逆轉神的這個作為，消除所有打擊人類成就的局限。資訊傳遞成了現代偶像，使聖經的神變得無關重要。[16]

但是傳遞信息本身並非甚麼萬應靈藥。我們傳遞的可以是謊話，或半真半假的話，又或僅僅是資訊，毫無深度、闊度或意義可言。只有當我們明智地將資訊融入生活整體脈絡之中的時候，它才會助我們成功，而且我們還要有遠離電腦及其他外界刺激的時間，否則這是不可能達到的。正如皮卡特所忠告，我們需要有靜默的地方，好能夠仔細思量甚麼才是要緊的、訂定甚麼是要優先考慮的、正確地回應日常的活動。[17]

沉迷於連綿不絕的刺激的生活，是一種只有表面反應、壓力重重、荒廢精力的生活。正如傳道書的傳道者指出，那亦是一種不敬虔的生活。他告誡人不要在神面前隨便許願，說：

你在神面前不可冒失開口，

也不可心急發言；

因為神在天上，

你在地下，

所以你的言語要寡少。

事務多，就令人做夢；

言語多，就顯出愚昧。[18]

不「心急」發言，原因是堅信每個人說的話，都是在一位聖潔全能的神面前說的。耶穌說：「因為要憑你的話定你的義，也要憑你的話定你有罪。」[19]沒有反省、默想、禱告、靜默、獨處的時間——拔去插頭、離線的時間——就缺乏內在力量去管理自己的舌頭、鍵盤、熒幕，讓我們的話語和生命能夠造就周圍的人，也能榮耀造我們的神。我們的心靈若非持久地沉浸在真理之中，就缺乏能力去明智地消化和發放資訊。我們是帶著軀體的人，需要有位格的神賜我們方向、智慧、更新。

做個網際空間「愛爾蘭人」

凱希爾（Thomas Cahill）在他那本樂趣無窮的書《愛爾蘭人怎樣拯救了文化》（*How the Irish Saved Civilization*）裏面，提及歷史上其中一個未為人知的偉大故事。第五世紀初，外族人把羅馬洗劫一空，搗毀傳統文化。不過那段期間，愛爾蘭人卻保住了大部分的傳統文化，為世界文明作出貢獻。侵略者摧毀藏書樓，危害傳統世界的智慧，而新近成為基督徒的愛爾蘭人則保全和抄寫手稿，並培養出一份對書面語深深的愛慕。[20]

今天教會所受的召喚是作「愛爾蘭人」，意思是對科技威脅到的真理與真義範疇加以保衛和推動。我們今天所受的危害，不是來自古老原始的，而是源於現代的和後現代的。正當科技奇才編織自己的魔法，而後面又有大羣大羣的人像受了催眠一樣帶著驚訝追隨之際，我們也面臨不少破壞之災。

超真實性影象——那些無對應的基本實物的、用科技製造和操控的影象——威脅著並埋沒神所創造的美好東西。更多的人以為真實生活就好像一場視象遊戲；他們視人為資料羣集(data clusters)，寧取無止境的科技擴張和娛樂，而棄自己的靈魂不顧。在不少的情況之中，正如弗里殊(Max Frisch)所指出，科技被視為「有本事將世界布置成是我們不用親身去體驗的」。[21] 倘若我們以電子線路系統換掉由美景、高山、雲彩、百獸和人類組成的這個既雜亂又奇妙的世界，我們的心靈就會在網際空間的迷惑之中受貶、被忽視、迷失了。正如司徒爾所言：「沒有電腦可以講解得到漫步穿越松林的感受。感覺是無可代替的。」[22]

博曼警誡我們：沉迷網際空間科技也許會取代我們參與他所稱的「意味深長的真實經歷」(eloquent realities)」，例如騎馬、攀石、觀劇或聽音樂會、玩樂器、參加詩歌班、參加或觀賞球賽、守聖餐、享用一頓美食或者與友人促膝談心。[23] 在一篇聖靈帶領的講道中，偶然即興地停下來反省一下，乃是一種意味深長的真實經歷；同出一理，傳道人若能一語道破箇中玄機，而會眾中有人擊掌讚賞，衝口而出一句「阿們」，亦如是。這些經歷所著重的是一個很大程度上是沒有中介的物質世界，我們欣賞它的美，還親歷其中。意味深長的真實經歷不可能按預定程序出現，而且不涉也不容模擬。

遠在有網際空間這麼一個詞語出現之前，赫克特(Ben

Hecht）寫過一個故事，說到大氣無線電波遇到源自神祕外星物體的干擾。擺在人們面前的是使人矚目驚心的寂靜。儘管有人因為沒有了不絕的喧嘩而甚感沮喪難耐，但是「普遍情緒卻見改善」，因為意味深長的真實經歷重現。

> 音樂重臨劇院和會堂，將那最古老的藝術帶返音樂本身。而且讓人——尤其是空閒時間特別珍貴的工人——恢復有限度的反省。某種平安下到地上來。那個奇蹟發生後的第一個春天，很多奇異、從未聽聞過的事開始出現。人們再次採花、坐草地、讀書吟詩，又或讓雙手在陽光中閒著。

拔掉插頭，重新融入神那個充滿意味深長的真實經歷的世界之中，會有助於提醒我們「諸天述說神的榮耀」，[25]而造物主的大能和神性都彰顯在祂所設計創造的宇宙中。[26]我們嘗試遠離自己所製造之物一段時間，容許我們想起自己是受造的、「奇妙可畏」[27]，具有神的形象與樣式。

即使沒有從天而降的勒德分子逼我們離線，我們若鍛煉自己的心靈和科技去順服天地的主，就仍會體驗到「耳未曾聽的事」。我們若是不加考慮就把自己的心靈推進網際空間裏頭，就會失去很多重要的價值觀；我們必須像古時的愛爾蘭基督徒一樣，定意保存重要的價值觀。我們都是靈魂不滅的人，終有一天將會復活，得到永恆的榮耀或者得著永恆的臭名；這事實理該令我們細想，科技會怎樣影響我們與他人的命運。前輩魯益師曾寫下精闢的見解：

> 活在一個可以製造出種種神靈的社會中，有一件嚴肅

認真的事，必須記取：與你談得來的那個最悶蛋、最沒趣的人，有一天或許會變成另一個產物，假如你現在就看得見的話，你會有極大的衝動要拜它；倘若不然，他又或許會變成一個恐怖腐敗的人，就好像你現在——如果真的碰見的話——只會在夢魘中碰得見的一樣。我們整天，在某程度上，都在彼此把對方推向這種命運，不是這個便是那個。在我們的一切行事為人、交朋結友、愛心表現、司法施政上面，都應考慮到這些來勢洶洶的可能性，並懷著正確的驚懼心，予以適當的周詳考慮。[28]

而當我們與這個網際空間陌生新世界打交道時，也應時刻考慮到這些來勢洶洶的可能性。

註釋：

1. 參Jerry Mander, *In the Absence of the Sacred: The Failure of Technology and the Survival of the Indian Nations* (San Francisco: Sierra Club Books, 1991), 50。我不是好像Mander那麼消極，也不是全盤接受他的世界觀。

2. 引自Kirkpatrick Sale, *Rebels Against the Future: The Luddites and Their War on the Industrial Revolution: Lessons for the Computer Age* (Reading, MA: Addison Wesley, 1995)。參Steven Marcus, "Range Against the Machine," *New Republic*, 10 June 1996, 30～38；這是一篇質疑薩勒對歷史的理解之評論。

3. 參Theodore Roszak, *The Cult of Information: A Neo-Luddite Treatise on High-Tech, Artificial Intelligence, and the True Art of Thinking*, second edition (Berkeley, CA: University of California Press, 1994), xvii-xviii。

4. Neil Postman, *Technopoly: the Surrender of Culture to Technology* (New York: Alfred A. Knopf, 1992), 184.

5. 這一段真知卓見是古麗碧想出來的。

6. Mark Dery, *Escape Velocity: Cyberculture at the End of the Century* (New York: Grove Press, 1996, 254-55). Dery引錄出處為Joseph Campbell with Bill Moyer, *The Power of Myth* (New York: Doubleday, 1988), 211。

7. 有關對坎貝爾的世界觀之評論，參Douglas Groothuis, *Christianity that Counts: Being a Christian in a Non-Christian World* (Grand Rapids, MI: Baker Books, 1994), 150～62。

8. 有關這個問題，參R. C. Zaehner, *Our Savage God: The Perverse Use of Eastern Thought* (New York: Sheed and Ward, 1974)；David K. Clark and Norman L. Geisler, *Apologetics in the New Age: A Christian Critique of Pantheism* (Grand Rapids, MI: Baker Books, 1990), 203～21；Douglas R. Groothuis, *Unmasking the New Age* (Downers Grove, IL: InterVarsity Press, 1986), 152～55。

9. 參Mark Slouka, *War of the Worlds: Cyberspace and the High-Tech Assault on Reality* (New York: Basic Books, 1995), 134～42。有關自然主義的道德倫理問題，參James W. Sire, *The Universe Next Door*, second edition (Downers Grove, IL: InterVarsity Press, 1988), 98～103；及J. P. Moreland, *Scaling the Secular City* (Grand Rapids, MI: Baker Books, 1987), 105～32。

10. Postman, 92～106.

11. Dennis Oliver, "The Virtual Church," *Areopagus*, Pentecost 1995, 28.

12. Wendell Berry, *What Are People For? Essays By Wendell Berry* (New York: North Point Press, 1990), 172.

13. Albert Borgmann, *Crossing the Postmodern Divide* (Chicago: University of

Chicago Press, 1992), 108.

14. Max Picard, *The World of Silence*, trans. Stanley Godman (Chicago: Henry Regnery Company, 1952), 108.

15. 參創十一1～9。

16. 這一段原是古麗碧的想法。

17. Picard, 57.

18. 傳五2～3。

19. 太十二37。

20. 參Thomas Cahill, *How the Irish Saved Civilization: The Untold Story of Ireland's Heroic Role from the Fall of Rome to the Rise of Medieval Europe* (New York: Doubleday, 1995)。

21. 引述自Daniel J. Boorstin, *Cleopatra's Nose: Essays on the Unexpected* (New York: Vintage Books, 1994), 173。

22. Clifford Stoll, *Silicon Snake Oil: Second Thoughts on the Information Superhighway* (New York: Doubleday, 1995), 138.

23. Borgmann, 119. 筆者為他的基本看法提供了幾個自己的例子。

24. 在Jack Kisling, "How Much Control is Enough?" *Denver Post*, 20 July 1995裏曾引用。

25. 詩十九1。

26. 參羅一19～20。

27. 詩一三九14。

28. C. S. Lewis, *The Weight of Glory and Other Addresses*, revised and expanded edition, ed. Walter Hooper (New York: Macmillan, 1980), 18～19.

讀者意見表

緊扣時代 服事教會

以文字傳揚基督真道

衷心多謝你購買本社書籍。本社一直致力以出版事工服事教會，幫助信徒扎根於神的話語，促進靈命增長。為使我們的出版更能滿足你的需要，請填寫下列各項資料，並寄回或傳真予本社。

所購書籍：＿＿＿＿＿＿＿＿＿＿

本書最吸引你的地方：

□作者　□適切性　□文筆　□設計　□實用性

□其他：＿＿＿＿＿＿＿＿＿＿

購買本書地點：

□基道書樓　□基督教書店　□非基督教書店

性別：□男　□女　職業：＿＿＿＿＿＿＿＿＿＿

信仰：□基督徒　□非基督徒

年齡：□ 16 歲或以下　□ 17～25 歲　□ 26～35 歲
　　　□ 36～55 歲　□ 56 歲或以上

學歷：□中三或以下　□中五　□預科
　　　□大學　□研究院

□我欲更多了解基道出版社的事工及考慮支持，請寄給我下列資料：

□機構簡介　□新書資料　□基道會員通訊

□《基道文字事工通訊》

姓名：＿＿＿＿＿＿＿＿＿＿電話：＿＿＿＿＿＿＿＿＿＿

地址：＿＿＿＿＿＿＿＿＿＿

＿＿＿＿＿＿＿＿＿＿

傳真：＿＿＿＿＿＿＿＿＿＿ 電子郵件：＿＿＿＿＿＿＿＿＿＿

其他意見：＿＿＿＿＿＿＿＿＿＿

＿＿＿＿＿＿＿＿＿＿

多謝賜教！

意見表可以傳真（2687-0281）或直接郵寄以下地址：
香港沙田火炭坳背灣街26號富騰工業中心1011室
基道出版社編輯部收